40字要約で仕事はどんどんうまくいく

経営コンサルタント
原田虔一郎

アーク出版

まえがき

「人生成功の条件は何だろう」と考えるとき、ずばり言って、それは「自分の弱点をしっかりと掴み、それを除去する努力をすること」だと思います。誰にも1日は24時間しかない。だからその24時間を効率的に使うことが成功へとつながっていきます。

今から18年前、ある会社の研修でCさんと初めて出会いました。当時彼は42歳でした。非常に真面目な方でコツコツ仕事をするタイプ。しかし、性格がやや内気で、パフォーマンスはあまり得意ではなく、会議でもどちらかというと無口なほうでした。聞いてみると彼も私と同じく「赤面症」で、それを克服できず悩んでいたようでした。それが影響していたのでしょう、役職はまだ係長のままでした。

その研修は幹部を対象としたもので、幹部としての心構えから、管理者として必要な能力開発、部下指導や問題解決のあり方などをマスターします。もちろん、この本のテーマである「40字要約」のやり方や、それが仕事だけでなく人生の決断にも役立つといった話をしました。

研修の最後は「管理者行動10則」と言って、自分に不足していると思うこと、自分の弱点強化に必要なことを述べます。そして、今日からどういった変革行動を取るかという具体策を書いてもらうのです。ある意味で決意文のようなものです。といっても、あまり大げさなものではなく、簡潔にまとめたものを10項目作ってもらいます。それを、私の方でチェックリストにまとめ、毎日、1項目ごとに、出来たら○、出来なかったら×を記入し、その日の行動を反省し、明日に生かすよう勧めます。さらに1か月ごとに私のところに送るよう指示を出します。半年たって完全に出来るようになった項目は、新しいものと取り替えるようにします。

彼はこの研修を受講したことで、何か気づくことがあったのでしょう。以来ずっと15年間（!）もチェックリストを送り続けて来たのです。ふつうの人は長くても2年ぐらいですから、彼のような人は初めてでした。彼の心の中には「赤面症で引っ込み思案」なことが自分の弱点となっていて、それを克服する手段を探していたのでしょう。私自身が「40字要約」により赤面症を克服した話をしたので、自分にも役立つのではと考えたのかも知れません。いずれにせよ彼の素晴らしいところは、40字要約が実際に赤面症克服に効果があるか確信は持てなかったものの、自らを変身させようと15年間も努力し続けた、ということにあります。

彼はそれから2年足らずで課長に昇進され、5年後には部長に昇進されました。送ってこられる内容も役職に応じた高度なものになっていきました。それが3年前からピタッと送られて来なくなったのです。「もしや!」と思い電話をしたら、案の定、役員に昇進されていて、「これからは会社の機密事項が多くなるので送れない」と言われたのです。嬉しかったですね!

彼は研修に参加したことにより、何かに気づき、目覚め、そして努力した結果、今まで40年以上も悩んでいた自分の弱点を克服したのです。「自分を変え」そして「仕事ぶりを変え」最後には「人生をも変える」ことができたことがわかり、私は自分のことのように慶びました。

この日本の社会において、ビジネスパーソンが人生において本当の幸せとは何かというと、究極すると「仕事が出来ることだ！」と、57年の人生を振り返ってみて思います。

だからこそ、この40字要約法を修得して、人生の幸せを手中に収めていただきたいと思います。

この本を読んだ皆さんが、お幸せになられんことを節にお祈りしています。

2004年7月

経営コンサルタント　原田慶一郎

40字要約で仕事はどんどんうまくいく◎もくじ

3章 40字要約力をつけるための練習法

4章 40字要約を仕事にどう活かすか

3 問題社員の仕事への動機づけに 92
部下のやる気は上司のコミュニケーション能力次第
◆〝動機づけ〟下手では人材は戦力にならない◆やる気を起こさせる三つの条件◆動機づけに必要なスキル

4 個人データベース作りに活かす 96
集めた情報を整理し、エクセルを使ってデータベースを作る
◆データベースは仕事を円滑にし、生活を豊かにする◆パソコンを使ったデータベースソフトのすすめ◆エクセルを使った簡単データベースの作り方

5 「読書記録」作りに活かす 100
人間的な厚みを増し、魅力的な人間になるには、読書がいちばん
◆読書は人間の幅を広げる◆どんな本を読むか◆読書記録をつけよう

第2部 「40字要約」の実践

5章 報道文を効率的に読む方法

1 似て非なる新聞記事と雑誌記事の特徴をつかむ 104
重要内容が文頭に来る新聞記事、雑誌記事は文央に来る
◆文頭に重要内容が書かれる新聞記事◆多くは起承転結型になっている雑誌記事◆バイアスがかかった新聞記事を修正しながら読む

2 忙しさに応じた〝賢い〟新聞の読み方 108
時間のある・なしに応じて新聞の読み方を変えていく
◆新聞は忙しさに応じた読み方をする◆時間がないときは紙面全体にざっと目を通す◆時間があれば熟読よりも併読する

3 ［要約練習①］経済記事 112
新聞記事は、見出しやリードに内容が凝縮されているので、それを参考にする

4 ［要約練習②］雑誌の記事 116
文章のポイントを箇条書きで書き出し、重要度を考えて整理するとまとめやすい

5 ［要約練習③］雑誌コラム 120
おもしろい事柄でも、本筋に直接関係なければ要約では触れない

6章 書籍から必要な情報を素速くつかむ

1 必要な情報に素速くアクセスする本の読み方 126
まず広告文や前書きなどで求める情報がその本にあるか見当をつける
◆同じ本でも精読するときと速読するときがある!?◆時間を節約するため、まず概要をつかむ◆目次で情報のありかを探す

2 本の入手法は目的に応じて使い分ける 130
新古書店から電子書店まで、特性に応じた使い分けをする
◆書店で買うだけの入手法はもう古い!◆新刊はもちろん古書も同時に買えるネット書店◆ネックは携帯用リーダーの不在──電子本

3 ［要約練習④］専門的な文章 134
専門分野についての文章は、専門用語を理解してから要点を書き出していく

4 ［要約練習⑤］飛躍や省略のある文章 138
飛躍や省略のある文章は、それらを放置せず、推測したり調べたりして補う

5 ［要約練習⑥］直訳的な翻訳文 142
長い翻訳文はいくつかの部分に分け、普通の日本語になるようつなぎ替える

7章 白書・統計文書を読みこなす

1 政府刊行物や企業文書を読むコツ 148
官庁文書や企業文書は、文章だけでなく、図表を参照する
◆Web上でも閲覧できる政府刊行物の目的とは◆企業の開示書類とは◆刊行物は図表や箇条書き部分に注目する

2 [要約練習⑦]通商白書 152
白書類は、文章の重要ポイントを箇条書きにしてみると、内容がわかりやすい

3 [要約練習⑧]審議会答申 156
難解な言い回しをわかりやすい言葉に替え、重要ポイントをたどって読み解く

4 [要約練習⑨]企業の情報開示文書 160
企業の情報開示文書は、文章と数字の間に食い違いがないかチェックすること

8章 Web情報は質の見極めがポイント

1 信頼できるWeb情報の見分け方 166
Web情報は玉石混淆なので、情報の質をしっかり見極める
◆非常に良質の情報がある一方で、劣悪な情報も多い◆情報の内容から質を見分けるには…◆サイトの種類で判断する

2 検索サービスの上手な使い方 170
検索テクニックを覚えればWeb情報キャッチの達人に
◆検索方法はキーワード検索とカテゴリー検索の2種類◆求める情報に早くたどり着くには…◆便利で使いやすいGoogle

3 [要約練習⑩]ビジネス記事 174
要約作業には必要なくても、わからない点があったら調べて理解しておく

4 [要約練習⑪]調査レポート記事 178
調査レポートのうち、とくに特徴的な結果について字数以内にまとめる

9章 人の話の核心を的確につかむ

1 話者の名声や声調にだまされない 184
有名人やその道の権威者の話でも、鵜呑みにしないで、批判的に聴く
◆人の話を聞く機会はいろいろある◆聞き直すことができないので、それなりの準備をする◆有名人であっても批判的に聴くことが大事

2 ［要約練習⑫］経営セミナーの講演 188
講演を聴くときは、聞き流しではなく、重要ポイントをメモしながら聴く

3 ［要約練習⑬］スピーチ 192
内容や語り口のおもしろさに惑わされず、集中して聴くことを忘れずに

4 ［要約練習⑭］新技術紹介 196
耳で聞いただけではわからない専門用語は、話者に質問して確認しよう

10章 社内の「報連相」は上司のシシトウ次第

1 シシトウ次第でホウレンソウは変わる 202
部下は適切に報・連・相を行い、上司は部下に合わせて指・指・統を行う
◆「報・連・相」なしに仕事ははかどらない◆部下のホウレンソウは上司のシシトウ次第!?◆シシトウを成功させるコツ

2 ［要約練習⑮］業務報告書 206
企業文書の多くは箇条書きになっているので、どの部分が重要かを見抜く

3 ［要約練習⑯］後輩からの相談 210
状況説明ではなく、相談事の核心は何かを探っていく

4 ［要約練習⑰］調査報告書 214
報告書の目的からして、どの部分が重要かを判断して要約する

装幀&本文デザイン　石田嘉弘（アーク・ビジュアル・ワークス）
図版作成　赤荻浩之（アーク・ビジュアル・ワークス）

基礎力がなければ飛躍はない！

◆〝精鋭〟でなければ生きていけない

1990年代初めのバブル崩壊以後、日本経済は長い低迷を続けてきました。多くの企業が倒産したり、経営方針の転換を余儀なくされました。日本経済の低迷は世界経済の足かせにもなり、政府は、サミットなどで成長への取り組みを再々約束させられました。

不景気は、企業で働く人々にも影響します。多くの企業が、人件費圧縮と生産性向上を目的にリストラに走り、そのため、職を失う人たちが増えました。これまでの人事制度を見直す企業も続出しました。成果主義賃金、年俸制、職種別賃金、一定年齢での昇給停止などです。

定型業務についてはアウトソーシング（外部委託）する企業も増えました。最近では、企画や営業といった、会社の基幹業務まで外部に委託するところも出てきています。

ひとことで言えば、どの企業も厳しい経営環境に対応するために精鋭主義に徹しているのです。

◆企業が求める「精鋭の資質」とは

では、企業にとっての「精鋭」とは、どんな人のことをいうのでしょうか。企業が求める主な資質を挙げてみましょう。

・幅広い視野と経営的視点での発想力
・柔軟で弾力性のある思考力
・問題の本質を見抜き、それを解決する力
・自己の課題を設定し、遂行していく力
・変化に敏感に対応する力
・情報を収集・整理して活用する力
・情報や考えを文書化する力
・発表し、説得する力
・折衝力・交渉力
・チームプレー力
・自己の業務分野についての知識・技術
・高いコスト意識

管理職の場合は、以上に加えて、上下の意思を連結する力や部下の資質を伸ばす力、さらに助言・指導力なども必要になります。

言い換えれば、以上のような資質――もちろん、すべてでなくても、その多くを備えていない人は、企業では必要とされない、ということです。バブル期であれば、資質に多少問題があっても抱えておく余裕がありました。しかし、現在では、そんなことを言っていられません。

一方で、最近、景気回復の兆候が見え始めました。株価は上昇し、日銀の景気短観でも、業績向上を報告する企業が増えています。〝長いトンネル〟から抜け出して、ようやく経済は上向き出したようです。

それなら、いずれ雇用は回復し、厳しい人事制度も手直しされるはず、と期待する人がいるかもしれません。

しかし、そうはいきません。雇用は回復するでしょうが、一度〝精鋭主義〟に転じた雇用・人事システムは、元には戻りません。精鋭主義で業績が回復したのですから、元のシステムに戻るはずがないのです。採用でも、採用後の人事でも、能力のあるなしはこれからも厳しく査定されていくでしょう。

ですから、みなさんにとっては企業が求める高い資質、有用な能力を身につける努力が今まで以上に必要になるのです。

◆〝基礎力〟がなければどんな努力もムダになる！

では、ビジネスパーソンとして勝ち残っていくためには、どんな勉強をしたらよいのでしょうか。

たとえば、交渉力やプレゼン力についてみると、その関係のハウツー書を読んだり、ときには研修に参加した経験があるかもしれません。しかし、実際の交渉・プレゼンの場に臨むと、相手の意図が明確につかめないとか、自分の意思をうまく伝えられないというように、学んだとおりの力を発揮できない人が多いのではないでしょうか。

情報力についても同じです。たとえば、インターネットから情報を集める際、検索サービスの利用法は知っていても、探し当てた情報の信憑性や、その情報のどこに求めるデータがあるかについては、苦労している人が多いようです。

これは、本や研修、セミナーなどで学んだことが十分身についていないからです。思ったような結果が上がらないのは、時間が足りなかったとか、まじめに勉強していなかったといったこともあるでしょうが、いちばんの原因は「さまざまなビジネス能力の基礎となる力」が不足していたから、ということが挙げられます。

「さまざまなビジネス能力の基礎となる力」とは、簡単に言うと、書かれたものや人の言葉のどこに核心部分があるかを素速く、かつ正確に見抜く力のことです。この力は受信力ですが、これが身につくと、自分の意思や情報を的確に人に伝える力、すなわち発信力も備わっていきます。

この力は13ページに示した発想力・思考力・問題解決力・情報力など、ビジネスパーソンに求められるさまざまな能力の基礎となるものです。したがって、この核心部分がどこにあるかを見抜く力が不足していると、発想法や思考法、問題解決法などの勉強をいくらしても、思ったような成果が上がらないのです。

専門的な勉強をする前に、まずその基礎となる力を養うことが必要なのです。

◆基礎力がつく単純で、しかも効果的な方法

問題は、どうすればそうした基礎力がつけられるかですが、実は非常に単純で、しかも効果的な方法があります。それは「40字要約」です。

これについては、1章で詳しく説明しますが、ひとことで言うと、文書その他の資料や人の話の要点を「40字」でまとめるというものです。

なーんだと拍子抜けする人もいるでしょうが、まあ、一度やってみてください。100字とか200字なら簡単に要約できても、40字以内に要点を収めるというのは相当難しい作業ですよ。実際、40字という厳しい制約のなかで正しく要約ができるようになると、ビジネスパワーに必要な基礎力は、まちがいなくついてきます。以下、その方法について見ていくことにしましょう。

第1部 40字要約の基礎

1章 「40字要約」の習得で仕事はこう変わる

01

なぜ〝40字〟に要約するのか

物事の核心をつかむにはコンパクトにまとめる力が必要

◆情報は文書と談話でやり取りされる

ビジネスに携わっていると、さまざまな情報ないしデータに接する機会が多くなります。それらは大きく文書と談話に分かれます。

文書には、印刷されたものや手書きなど紙に書かれた文書と、Ｗｅｂ情報のようにモニター上で読むものの2種類があります。印刷されたものとしては、新聞や雑誌・書籍などのほか、公的機関が発表する官報や白書、ビジネスで使われる社内外のさまざまな文書があります。手紙やメモなどの手書き文書は、ビジネス分野ではあまりウエイトが重くありません。

近年めざましい勢いで増えているのが、Ｗｅｂ情報です。かつては印刷するのがあたりまえだった官公庁・企業の情報開示文書や広報資料、就職案内、新聞・雑誌記事なども、Ｗｅｂ上で見ることができます。

談話とは、要するに音声情報のことです。テレビやラジオのニュース、講演・講義、研究発表、会議などを指します。企業内における口頭での上司の指示・命令や部下の報告・提案なども、これに含まれます。

◆「40字要約」で研修効果も格段にアップする

これらの情報やデータに対して、人はどんな態度で接するでしょうか。教養や楽しみとして読んだり聞いたりすることも多いでしょうが、ビジネスパーソンという立場では、仕事に必要な情報を入手するというのが目的のはずです。

となると、文書や談話の核心となる部分を正確かつ迅速にキャッチする技術が必要になります。この技術がないと、的外れな部分を重要と思いこんだり、あるいは重要な部分を探し当てるのに時間がかかったりします。正確さとスピードが重視されるビジネスの世界では、こうした技術不足は、大きなミスを犯す原因になりかねません。

筆者の経営労務研究所では、各社の経営幹部から一般社員までを対象にして、さまざまな研修を実施していますが、こうした力が不足している人が実に多いのです。いかに基礎力が不足しているかがわかります。同時に、この能力が不足していると、いくら研修で実務に役立つことを講義しても、なかなか効果が上がりません。

そこで、そうした力をつけてもらうために受講者に実施してもらうのが「40字要約」なのです。

これは、プロローグでも述べたように、読んだ文書や聞いた談話の要点を40字以内にまとめるというものです。

この練習を受講者のみなさんにやってもらうと、最初のうちは、ピントのはずれたまとめ方をしたり、40字以内に収められなかったりと、ずいぶん苦労します。それでも何度か繰り返すうちに、だんだんとまとめられるようになり、それとともに、研修内容への理解力も、明らかに高まっていくのです。

◆「40字」というのは簡単なようでいて意外とむずかしい

正確に要約できるなら、40字以内であれば10字でも20字でも、もちろんかまいません。しかし、実際にやってみればわかりますが、40字以内に収めるというのは、相当難しい作業です。句読点も含めて40字ですから、実質的に使える字数は、もっと少なくなるからです。

なぜ40字という厳しい制限を設けたのか。念頭にあったのは五七五七七の短歌です。歌人はこの31文字のなかに、文章で書けば数百字から数千字も要するような内容を凝縮するといいます。しかし、短歌では、体言止めをはじめ、独特の省略表現を使うことができますし、また省略が許されるので解釈の幅も広がります。

一方、要約はふつうの文章ですから、助詞や述語なども原則として省略できません。受け取る人に内容を正確に伝える必要があります。そこで、短歌より少し多くして、きりのいいところで40字という制限を設けたのです。この制限の意味については、次項で説明します。

■40字要約とは何か

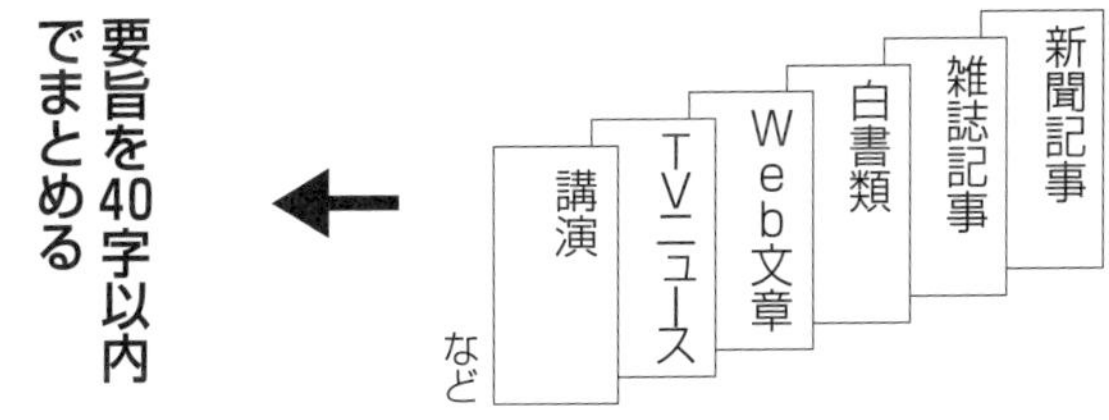

例

録音物としてのレコードは、ディスクレコード（円盤レコード）とテープレコード（カセットテープなど）を総称する言葉であるが、一般にはもっぱらディスクレコードを指す言葉として用いられている。しかし、そのルーツは円盤ではなくて、円筒であった。

　1877年、フランス人シャルル・クロとアメリカ人トーマス・エジソンは、相前後して音の記録・再生が可能であることを発見した。しかし、クロの理論はフランス人たちに顧みられず、また、先に試作に成功したのはエジソンであったため、レコード発明の栄誉はエジソンに独占され

さまざまな文書や談話の要点を40字以内でまとめる

現代のレコード産業の基礎は、アメリカ人ベルリナーの円盤レコードによって固まった。

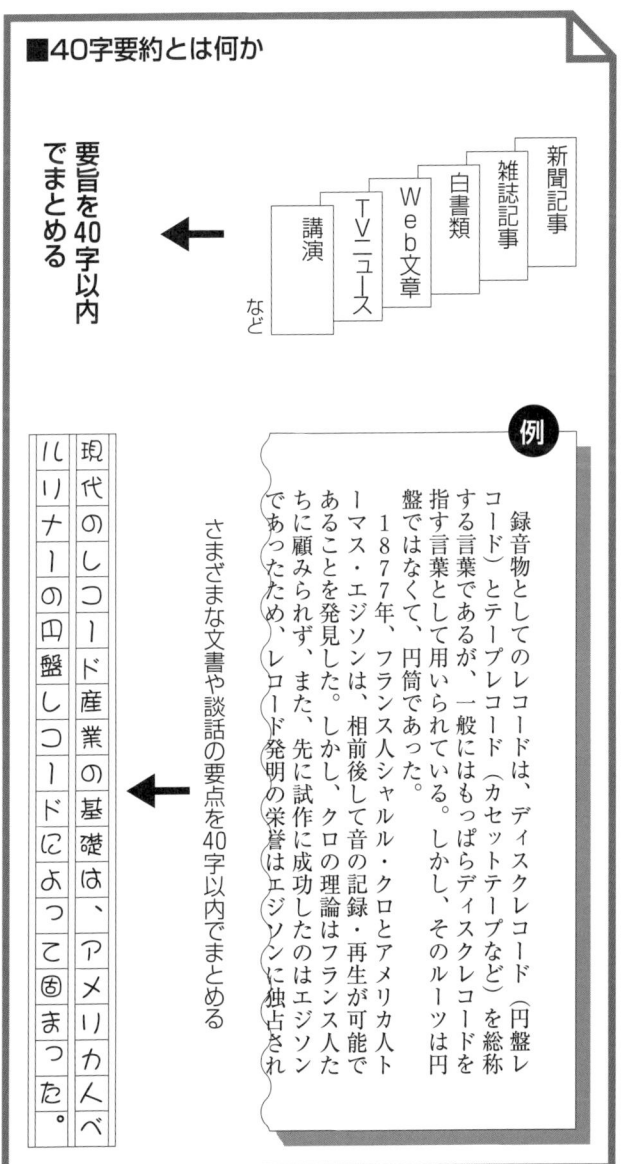

02

「40字要約」でビジネスパワーが驚くほど向上する

基本的な能力が増すので、実践能力も伸びていく

◆まず読解力・思考力・判断力が向上する

文書や談話を要約する練習に字数制限、それも40字というきつい制約がなぜ必要なのかと疑問に思う人もいるでしょう。たしかに文書や談話の理解力を高めるだけなら、頭の中で要約を考えたり、口頭で述べたりするだけでも、それなりの効果は上がります。

しかし、厳しい制約を設けると、文章理解力が飛躍的に増すだけでなく、さらにいくつかの効果が期待できるのです。

文書や談話には、その長さにもよりますが、重要な部分が3～4箇所以上あるのがふつうです。もし字数制限がなかったり、緩やかだったりすると、重要と思う箇所を必要なだけ入れることができます。

一方、40字という制限があると、入れられる要点は一つ、工夫しても二つがせいぜいでしょう。すると、重要ポイントがいくつもあると思っても、その中からさらに一つか二つを選ばなくては

なりません。そのためには、重要ポイントがそれぞれどんな意味をもち、どんな関係でつながっているか、最終的にその文書や談話の核心となっている部分は何なのか、といったことを考え判断する必要があります。

単に「この文書・談話の要点を示せ」というだけなら、読み流したり、聞き流したりしてもできるでしょうが、40字という字数内に収めるためには、分析的に読んだり聴いたりして、どの部分を使うか判断しなくてはならないのです。こうした練習を続けているうちに、読解力や思考力、判断力が自然に向上していくのです。

しかも筋力トレーニングと同じで、自由に練習するより、一定のルールに従って負荷をかけたほうが効果が増すのです。

◆さらに表現力・発想力が増す

もう一つのポイントは「書く」ということです。口頭で要点を言うこともできますが、それでは40字以内という条件を満たしているかどうかわかりにくくなります。ですから、どうしても書かなくてはなりません。

要点を一つか二つに絞り込めても、実際に書いてみると、40字以内に収まらない場合があります。そこで、どんな表現をしたら収まるか工夫する必要が出てきます。

たとえば、企業内教育について、「即戦力を養ううえでは、オフ・ザ・ジョブ・トレーニング（持ち場を離れての訓練）よりオン・ザ・ジョブ・トレーニング（実地訓練）のほうが効果的」と述べた文章があったとしましょう。

この文章を要約する場合、オフ・ザ・ジョブ・トレーニング、オン・ザ・ジョブ・トレーニングという言葉を使うと、これだけで30字になってしまいます。オン・ザ・ジョブ・トレーニングだけ使うにしても、15字取られてしまいます。

そこで、字数を少なくする方法を考えなくてはなりません。たとえば、英語をやめて、訳語の「実地訓練」だけにしたらどうか、では、一般的な訳語がないオフ・ザ・ジョブ・トレーニングはどう表現するか、一般訓練はどうか、持ち場外訓練のほうがいいか……といったように、使う言葉を吟味します。

さらに、読み手がどんな立場の人かも考える必要があります。この場合なら一般的な人だと実地訓練などの訳語を使ったほうがわかりやすくなりますが、この分野の内容をある程度知っている人が対象なら、英語の略称「ＯＪＴ」でかまわないでしょうし、字数も削減できます。オフ・ザ・ジョブ・トレーニングについても、Ｏｆｆ‐ＪＴという略称が使えます。

さらに、書くことには大脳生理学的な効果もあります。文字を書く際の手からの刺激によって、大脳が活性化されるのです。よく企画を考えるとき、単にアイデアを頭の中で「ああだ、こうだ」

■40字要約でこんな力が身につく

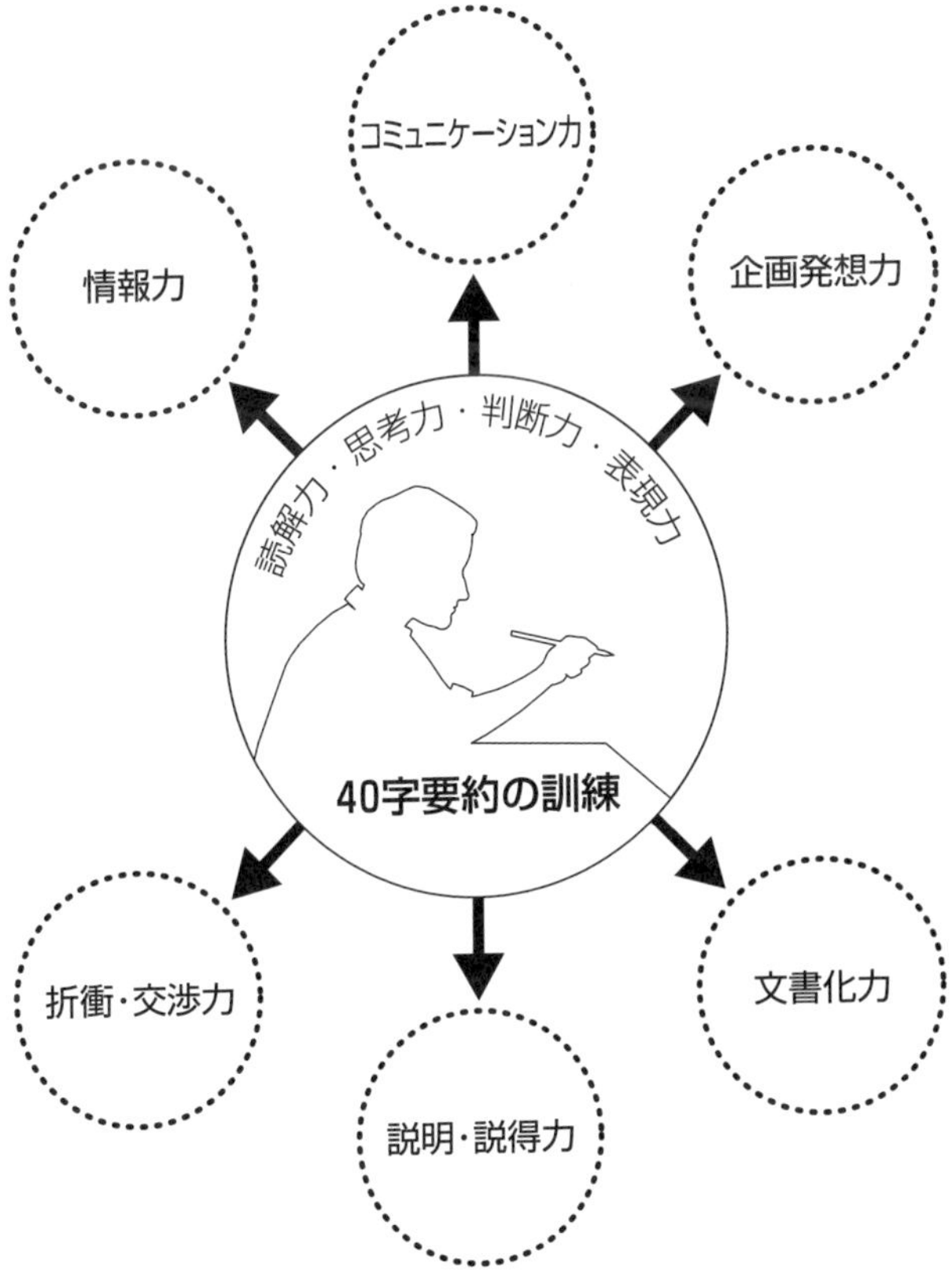

とひねっているよりも、実際にキーワードを書いたり、図解したりしているうちにアイデアがまとまってくることがよくあります。これは文字を書くことによって大脳が活性化されたためです。要約練習も同じで、頭の中だけで考えるより、実際に書いてみたほうが考えがまとまりやすいのです。

以上のように、40字要約を練習する、それも実際に書いて練習することによって、読解力・思考力・判断力・表現力という基本的な知力を向上させることができるのです。

◆交渉力・説得力も増強される

基本的な知力が伸びると、ビジネスに直接役立つさまざまな能力が伸びやすくなります。

練習の成果が直接的に反映されるのが、情報を収集・整理し、活用する力、すなわち情報力です。「40字要約」の練習によって、言葉を厳密に検証し、どの部分がもっとも重要か判断するクセが身につきます。すると、雑多な情報から自分がもっとも必要とする情報を的確に引き出すことができるようになるのです。さらに、それを文章で簡潔にまとめられるようになります。

もう一つはコミュニケーション力です。コミュニケーション力とは、相手の意思や情報を正確に読み取るとともに、自分の意思や情報を相手に的確に伝える能力のことです。商取引や社内での会議、提案、報告の際には、この力の程度によって評価が大きく違ってきます。「40字要約」を練習すれば、内容の把握力や表現力が高まるので、コミュニケーション力は当然ついてきます。

企画や発想などにも役立ちます。企画会議・新商品開発会議などの折り、ブレーンストーミングやKJ法を活用するケースは多いでしょうが、いずれの場合も自分のアイデアを少ない字数で的確に表現することが必要になります。このときに「40字要約」で培った言語センスがものをいいます。アイデアを企画書にまとめ、それをプレゼンテーションする際にも、この能力が役に立ちます。

企画書作成以外にも、文書化が必要になるケースは多々あります。たとえば、提案書や稟議書、報告書、会議の議事録や広報資料の作成などです。「40字要約」を練習していると、回りくどい言い回しや抽象的な表現をしなくなるので、意図や情報が読み手にストレートに伝わる文書が書けるようになるのです。

また、読者の中には、交渉や折衝、説明・説得が苦手という人がいるかもしれません。ビジネスイコール交渉・折衝、説明・説得の連続と言っていいほどですから、これが苦手では、とうてい成果を上げることはできません。

しかし、「40字要約」の練習を重ねていると、自分の意思や情報を簡潔に表現できるようになるため、相手とのやり取りが苦にならなくなります。あとは、表情・身振りなどのパフォーマンス力を身につければ、交渉名人・説得名人になることも難しくないのです。

03

管理職にとって「40字要約」は何の役に立つ？

管理業務を円滑にし、実務能力のレベルを上げる

◆単に上下に取り次ぐだけの管理職は不要になる

「40字要約」の成果は、部長・課長といった中間管理職には、どのように役立つでしょうか。

ある会社をリストラされた人が、再就職支援会社の面接者に「あなたはどんな仕事ができますか」と訊かれたとき、「部長ができます」と答えたという有名な話があります。元の会社で部長をしていたので、そう答えたのでしょうが、部長・課長はポストであって、仕事ではありません。

それでは、部長・課長の仕事とは何を指すのでしょうか。一般的にいって、中間管理職の仕事は「管理業務」と「実務」の二つに分かれます。

管理業務としては、①上下の意思の疎通、②目標の設定と管理、③業務の担当・進行の調整、④部下の教育・育成——が主なものです。

たとえば①は、経営トップの意思や方針を部下に浸透させ、部下の提案や報告を上役に伝えることです。

しかし、現在では、EメールなどIT技術の進歩によって、上層部と一般社員が直結する傾向が強まっています。このような状況では、トップの言葉や部下の提案などを上下に取り次ぐだけのメッセンジャーのような中間管理職は不要になります。

上下の意思を連結させるためには、経営トップの意思や方針をそのときどきのビジネス環境や将来へのビジョンと照らし合わせて、その意義を理解し、それが部下たちにストレートに伝わるように、簡潔で明快な言葉で表現する必要があります。

部下の提案や報告を上層部に伝える場合も同じで、それらが経営方針にどのように関わるか、業務の改善にどの程度益するかを十分把握してから伝えなくてはなりません。

また、提案や報告の意図が正確に表現されているかどうかを点検し、不十分なら、部下に修正させるか、自ら修正することも必要です。

このようなときに、「40字要約」で培った力がものをいうのです。たとえば、経営意思を部下に伝えるときにはコミュニケーション力が、部下の提案などを上に伝えるときには説明・説得力が、部下の文章を直すときには文書力がそれぞれ役に立つ、というわけです。

これらの能力は、一朝一夕で身につくものではありません。ビジネスに関連した資料や記事を読むたび、メモを兼ねて「40字要約」の練習をしましょう。また、日常の業務でも、「40字要約」を常に意識して仕事をすると、身につけたさまざまな力を新鮮に保つことができます。

◆部下がついてくる管理職になるには

管理職だからといって管理業務だけしていればいいというわけにはいきません。なかにはそれでいいという会社もあるでしょうが、現在のような少数精鋭主義の時代には、管理職でも所属セクションの本来の実務を担当することが求められます。

管理業務がある分、実務のウエイトは部下たちより少なくなりますが、いずれかの部分を担当することは必要です。

管理職が実務を行うことについては、二つのメリットがあります。

まず、部下たちを指導しやすくなるということです。実務についての十分な知識がないのに、ああしろ、こうしろといっても、部下たちはついてきません。

逆に実務経験を積んでから管理職になったのだから、現場を離れても指導はできるはずと思う人がいるかもしれません。しかし、たいていの実務は、技術的に絶えず進化しているし、市場環境や顧客層なども日々変化します。ですから、たとえウエイトは低くても、実務を担当し続けることが、最新の技術や状況を把握し続けるうえでも必要なのです。

もう一つのメリットは、目標の設定や管理、業務の担当・進行の調整が的確にできるようになることです。部下からの報告が理解しやすくなるのはもちろん、自分自身で最新の情報をインプットして設定・管理・調整することが可能になるのです。

■中間管理職の仕事

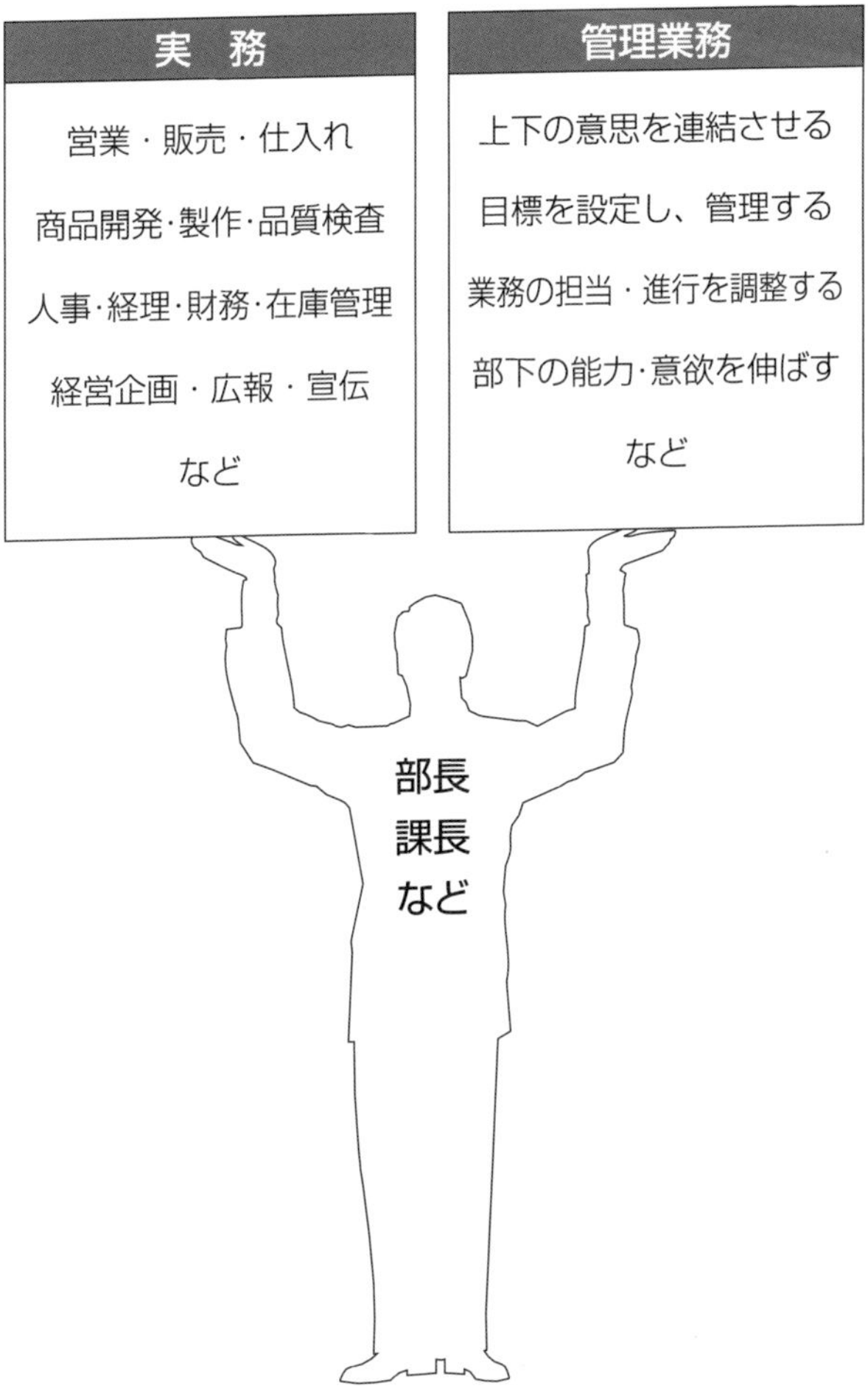
実　務
営業・販売・仕入れ
商品開発·製作·品質検査
人事·経理·財務·在庫管理
経営企画・広報・宣伝
など
管理業務
上下の意思を連結させる
目標を設定し、管理する
業務の担当・進行を調整する
部下の能力·意欲を伸ばす
など
部長
課長
など

04

一般社員にとって「40字要約」は何の役に立つ？

仕事のミスを防ぎ、上司とのコミュニケーションがスムーズに

◆ミスを未然に防ぐ指示の受け方

「40字要約」の練習によって身につけた表現力や、情報力・コミュニケーション力などのビジネスパワーは、一般社員が実務を行う際にも役に立ちます。ここでは、上司から指示を受けたり報告するときを例に取ってみましょう。

職場では、上司から指示を受けて仕事が始まり、上司への報告で仕事が終わるのが基本です。仕事のスタートである指示が正しく受けられなければ、仕事を正確に遂行することはできないし、報告のタイミングや要領が悪ければ、成果を活かすことができません。

まず、指示の受け方ですが、上司から呼ばれたら、すぐに上司のところに行くようにします。その際、メモ用紙と筆記用具を必ず持っていくようにします。これによって、上司とのコミュニケーションがスムーズに進みます。

上司から指示を受けている間は、疑問や異論があっても、口を挟まず、最後まで聴くようにしま

す。途中で口を挟むと、説明の順序が狂って、上司が大切なことを言い忘れてしまうかもしれないからです。質問や意見は、指示が終わってからにしましょう。

指示が終わったら、ポイントを簡潔に復唱し、とくに数量や日時、人名については、念入りに確認することです。これらの指示内容については、次ページのような一覧式のメモ帳に整理しておくと、処置のし忘れを防ぐことができます。

◆報告は5W3Hを押さえることを忘れずに

ビジネスの世界ではホウレンソウ、すなわち「報・連・相」が大切とよく言われます。これは、報告・連絡・相談の頭文字を取った言葉で、このどれをおろそかにしても、仕事にトラブルが生じやすくなります。とくに報告が大切です。

正しく報告するためには、伝えるべきことをあらかじめメモにまとめておきましょう。とくにWhen（期日）、Who（人）、What（作業）、Where（場所）、Why（理由・原因）、How（方法）、Hou many（数量）、How much（金額）の5W3Hについては、きちんとメモしておきます。

報告では、結論を先に述べて、理由や経過などの詳しい説明はあとにします。

また、事実と自分の意見とを分けて話すことも必要です。事実の説明と自分の意見とをごちゃ混ぜに話すと、上司の判断が狂う恐れがあるからです。まず事実だけを報告し、そのあとで「これは

■仕事メモの例

上司から指示を受ける際は、必ずメモを取ること。指示内容とその実施結果を下記のようなメモ帳を整理しておくと、処理のし忘れを防ぐことができる。

日時	テーマ	要点	処置
08/12 13:30	納入対応	〇〇社への部品KR-25 6708Pの追加納入30 セット至急	08/12 16:25 手配済み
08/13 09:15	苦情処理	××社部品課山本氏から の部品TS-48756Kに ついての不具合クレーム	08/13 13:45 説明済み
08/14 11:47	顧客対応	〇×社から部品KS-311 058U値引きの要請	08/14 14:12 処理済み 詳細別紙

私の考えですが」といって、自分の意見を述べるようにしましょう。

「40字要約」の練習を積んでいると、指示を受ける際にも、報告する際にも、ポイントを正しく把握し、適切かつ簡潔に表現できるようになります。

報告内容を文書にまとめることを求められることもありますが、その際にも、的を得たわかりやすい文章が書けるようになるのです。

［第1部］40字要約の基礎

2章

核心をつかむ技術と40字表現のテクニック

01

文章は分割すれば核心をつかみやすい

文章構成法にもとづき各パートごとに要点を書き出していく

◆文章の成り立ちを知れば効率よく要約できる

文章の内容を効率よく要約するには、どうしたらよいでしょうか。慣れれば、ふつうに読んでも要約できますが、最初のうちは、文章を切りのよいところで分けて、パートごとに要点をまとめ、最後にそれを整理する方法が効果的です。

そこで、どういう方法で文章を切り分けるかですが、その参考になるのが文章構成法です。

文章構成法とは、文章を書く場合、内容をどのように組み立てるかの方法のことです。テーマや内容によって異なりますが、よく使われるのは、①序論・本論・結論の三つから成り立つ方式と、②起承転結の四つから成り立つ方式の2種類です。

①はおもに論文や説明文・報告文など実用的な文章に使われ、②は、実用文も含め、小説やエッセイ、手紙など多くのジャンルで利用されています。

しかし、この二つはまったくの別物ではなく、基本的な仕組みは同じです。そこで、ここでは起承転結方式での文章構成について見ていくことにしましょう。

◆起承転結方式の内容とそのしくみ

起承転結は、漢詩の詩体の一つ、絶句で使われる文章の構成です。絶句には1行が5語（＝5文字）から成る五言絶句と、7語（＝7文字）から成る七言絶句の2種類があります。

ただ、漢詩ではちょっとわかりにくいので、江戸時代の俗謡でどんな形式か見てみましょう。これは、江戸後期の儒学者・頼山陽が、起承転結を説明するために作ったと伝えられているものです。

〔起〕京の五条の　糸屋の娘
〔承〕姉は十七　妹は十五
〔転〕諸国諸大名は　弓矢で殺す
〔結〕糸屋の娘は　目で殺す

起句は、全体のテーマや場所、状況、時間、登場人物などを説明するものです。この俗謡では、糸屋の娘がテーマであることを示しています。

承句は、起句の内容をより詳しく説明したり、話を広げたりするものです。ここでは、姉妹が年頃の娘であることを説明しています。

転句は、一転して新しい状況を語って、話を大きく展開するものです。この俗謡では、糸屋の娘の話が、突然、大名の人の殺し方に変わるので、読む人は意表を衝かれます。これによって、次の結句がより効果的に導き出されます。

結句は全体の結論や結果を示すものです。ここでは、糸屋の娘は目で人を悩殺すると、その器量をほめています。結句だけでも主旨はわかりますが、起句・承句・転句と積み重ねていくことにより、作者が表現したい内容がより強く読み手に伝わります。

この俗謡以外にも、起承転結のわかりやすい手本があります。それは4コママンガです。最近はヤマなし・オチなし・意味なしの〈不条理マンガ〉もありますが、新聞マンガなど、ふつうの4コママンガは、ほとんどが起承転結の形式を踏んでいます。手元に新聞があったら、そうした目で見直してください。

◆一般的な文での起・承・転・結の見分け方

文章構成法の起承転結は、以上のような詩句の構成を援用したものです。たとえば、昔話の『桃太郎』は、左ページのような構成になっています。これは物語ですが、論文や実用的な文章にも、この形式を踏んでいるものが数多く見られます。

単行本などの長文になると、起承転結の見分けはそう簡単ではありませんが、見分け方の基本は

■「起承転結」の構造

		「桃太郎」の例
起	1つの目的や事実を提示して、文章を起こす	むかしむかしあるところにおじいさんとおばあさんが……桃から生まれたので桃太郎となまえをつけました。
承	「起」を受けて話を広げ、「転」につなげる	桃太郎はすくすく育ち……「私は悪い鬼たちを退治にいきます」といって、きびだんごをもって出かけました。
転	新しい状況や分野に話を転じて、さらに内容を発展させる	いぬが出てきて「お腰にきびだんご1つわたしに……鬼たちをさんざんにやっつけ……鬼たちがよそから奪ってきた宝物を車に積んで帰りました。
結	そしてこうなった、だからこうなるという結果や結論を示す	宝物を近所の人たちにも分けてあげ……桃太郎とおじいさん、おばあさんは幸せに暮らしました。

絶句と同じです。

文章の最初のほうで、テーマや目的、時間や場所、登場人物など、その文章の前提となる事柄を語っている部分が「起」です。

それに続く部分が「承」になるわけですが、「起」と「承」との境目がちょっと見分けにくいかもしれません。記述が「起」で述べたことの補足説明あるいは追加説明といった内容になっていれば、その部分が「承」です。

「転」は、その文章のもっとも主要な部分です。絶句では全体の4分の1の分量にすぎませんが、文章の場合は、全体の40〜60パーセントを占めているのがふつうです。

「転」を見分けるには、この分量が一つの目安になります。頭から30パーセントを過ぎたあたりから、そろそろ「転」が始まりそうだと思って、注意深く読んでいきましょう。もちろん、30パーセントは一つの目安にすぎず、実際にはもっと前から「転」が始まることもあります。

もっと重要な目安は、やはり内容です。「承」までと内容や場面が大きく変わったら、そこから「転」が始まります。もしその部分がなかったら、文章全体の存在意義がなくなってしまうという部分が「転」だと考えてください。

「結」はその文章の最後の部分ですから、見分けるのは比較的簡単です。分量的には、全体の10パーセント程度を占めているのがふつうです。

物語では、ここに大団円が来ます。大団円に続いて後日談が語られることもあります。論文や実用的な文章では、ここに結論やまとめが示されます。実用的な文章では、「転」の内容を要約する形でまとめられることがよくあります。

◆長文はパートごとに要約していく

数千字程度の短文なら、一挙に要約するのはさほど難しいことではありません、しかし、単行本1冊分というような長文になると、ざっと読んで一挙に要約するのは、相当慣れた人でないと難しいでしょう。

そこでみなさんにお勧めするのが、まず起承転結の四つのパートに切り分け、そのパートごとに要点を書き出し、それを総合する形で要約するという方法です。これだと作業はずっとラクになります。

実用文の場合は、「起」と「承」をいっしょにしても差し支えありません。その場合は、序論・本論・結論方式と同じで、文章全体を3分割することになります。

まず文章を四つまたは三つに切り分け、その要点を書き出してみましょう。この要点は、箇条書きでもかまいません。いちおう書き出してから、重要な要点だけを精選し、それをまとめてから、決められた字数に文章化していきます。

02

キーワードを上手に見つける

繰り返し登場する言葉を探し、どんな意味で使われているか考える

◆難解な文章を要約するポイントはキーワードにある

談話と文書とを比べると、談話のほうがはるかに核心をつかみやすいといえます。その理由は、三つあります。

まず、談話は音声による伝達なので、聞き手が多少ぼんやりしていても、情報のほうから入ってきてくれます。次に、談話は一定時間に伝えられる情報量が文書に比べてかなり少ないのがふつうです。第三に、談話が講演や講義なら、質問して疑問点を明らかにすることができるからです。

一方、文書の場合は、読み手が積極的に読む気にならなければ、十分な情報が得られません。また、うまいか下手かによってもかなり違いますが、談話に比べて情報の密度が濃いのがふつうです。さらに、筆者と何らかのつながりがなければ、質問して疑問点を明らかにすることができません。

文書の内容を要約するのが苦手という人が多いのは、こういった点が原因になっているようです。とりわけ文章量が多かったり、難解だったりすると、なかなか核心が把握できず、いやになってし

まうことがあります。といって、仕事が絡んでいると、放り出すわけにもいきません。

そんな場合は、まず、その文書のキーワードを発見してみましょう。キーワードがわかれば、文章の読解が非常にラクになるからです。

◆繰り返される言葉に注目する

キーワードとは、ある文章の主題を把握する際の鍵となる言葉です。主題とは、著者が読み手に伝えたい、あるいは訴えたいと思っている事柄のことです。主題は、数十字の短文から数万字以上の長文まで、どんな文章にも必ずあります。

主題には、文章全体の主題と、章・節など、一部分の主題とがあります。いずれの場合も、主題がわかれば、その文章の理解が非常にラクになります。

それでは、キーワードはどのように探したらよいのでしょうか。

著者は、主題を伝えるために、いろいろな方向から説明したり、表現したりします。しかし、伝えたい主張や考え、事実などは一つですから、どうしても同じ意味の言葉を何度も使うことになります。多くの場合、それがキーワードです。ですから、繰り返し使われている言葉に着目すれば、キーワードが発見しやすくなります。

ただし、いくら繰り返されていても、「私は」とか「……である」「そして」といった一般的な言葉は、キーワードではありません。多くの場合、内容に関連した言葉で、漢字の熟語かカタカナ語が使われています。

また、同じ言葉だけが繰り返されるとはかぎりません。類似した言葉に言い換えられたり、別の言葉の一部として使われたりもします。

◆キーワードへの著者の評価を考える

キーワードが見つかったら、その言葉を著者がどう評価し、どんな意味で使っているかを考えましょう。

たとえば、現代の産業動向を説明する文章で、「新産業」とか「ニュービジネス」といった言葉がキーワードだとします。これらの言葉と関連して「経済活性化」「不況克服」といった言葉が使われていたとすれば、著者は、これらに肯定的な評価を与えていることがわかります。

同じようにして、キーワードと対比的に使われている言葉についても、著者がどういう評価や解釈で使っているかを考えます。右の例だと、「重厚長大産業」とか「不況業種」といった言葉について、著者の評価や解釈を考えるわけです。この両方を合わせると、著者が伝えたいことや訴えたいことがくっきり浮かび上がってくるはずです。

■キーワードの見つけ方

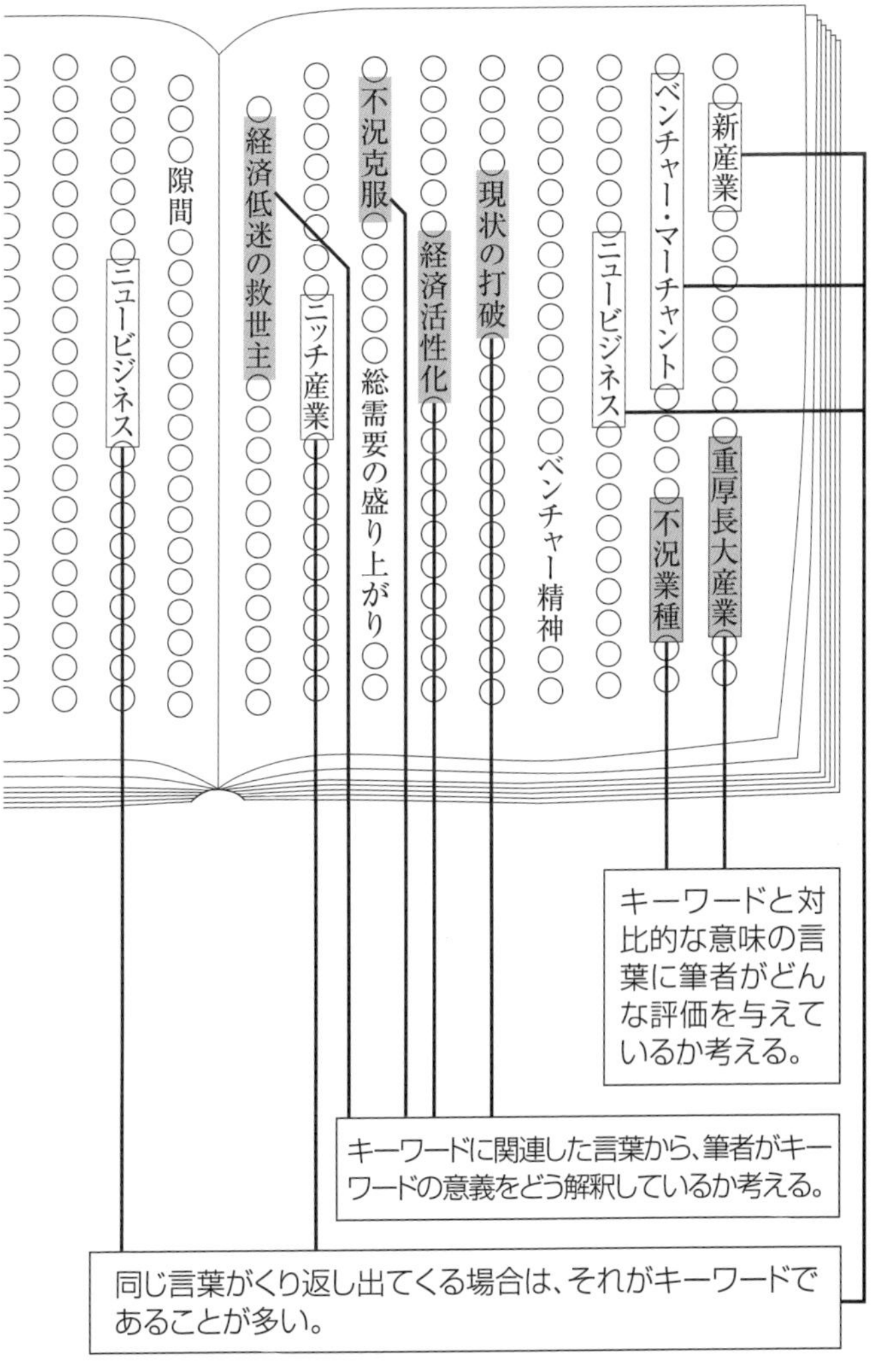

新産業
ベンチャー・マーチャント
ニュービジネス
重厚長大産業
不況業種
ベンチャー精神
現状の打破
経済活性化
不況克服
総需要の盛り上がり
ニッチ産業
経済低迷の救世主
隙間
ニュービジネス
キーワードと対比的な意味の言葉に筆者がどんな評価を与えているか考える。
キーワードに関連した言葉から、筆者がキーワードの意義をどう解釈しているか考える。
同じ言葉がくり返し出てくる場合は、それがキーワードであることが多い。

03

難解な文章は図解しながら読んでいく

図解すれば理解しやすいし記憶も強固になる

◆論理の筋道やあらすじが明確になる

文書を読んでいると、著者の主張が今ひとつ飲み込めないとか、筋がこんがらがってもどかしい感じがする、といった経験をすることがよくあります。

著者の文章力が未熟とか、構成が混乱している、といったことが原因の場合もありますが、もともと内容が難解という場合も少なくありません。

原因がいずれにあるにしろ、そういった文章に出会ったら、図解しながら読んでみましょう。論理の筋道やあらすじがわかってくることがよくあります（これを図解読書法と名づけます）。また、記述に矛盾や飛躍があった場合にもそれらがよくわかり、著者が何を伝えたかったのかが把握しやすくなります。

もっとも、図解しやすさは文章の種類によってかなり違います。比較的図解しやすいのは、事実について書かれた文章です。とくに時間的または空間的順序で書かれたものは、図解読書法に向いています。たとえば、歴史や地理、国際関係の本、機械などの取扱説明書などです。白書や調査報告書などにも、図解読書法は有効です。理論的・思考的な本は、あまり図解しやすくありませんが、論理の筋道が通っているものなら、そう難しくありません。

◆脳が活性化され、記憶力も強化される

図解すれば理解しやすくなるというのは、大脳生理学的な裏づけがあります。

人間の脳は、脳の左半球、いわゆる左脳が言語の処理や論理的な思考を司っており、右半球、いわゆる右脳が音声・画像の処理や直感的理解を受け持っています。そんなところから、左脳をデジタル脳、右脳をアナログ脳と呼ぶこともあります。

こうした役割分担があることから、文章だけで内容を理解しようとすると、ほとんど左脳しか使っていないことになります。

そこで図解しながら読めば、左脳に加えて右脳も使うことになり、脳が総合的に働いて、いっそう理解しやすくなるのです。理解だけではありません。図解によって、視覚と手の運動器官も使うので、記憶も強固になってきます。

なかには元から図解されている文書もありますが、わかりやすいものばかりとはかぎりません。あまりよくないと思ったら、自分流に図解しながら読んだほうが理解しやすくなります。

◆自分なりの記号や色分けを使う

一つ例を挙げましょう。『週刊朝日』の人気コラムの一つに『堺屋太一の時の正夢』があります。その連載386回目のタイトルは『工程分業時代の国際的地位は』です。全体は、次の三つのブロックに分かれています。

・第一のブロック↓北朝鮮拉致被害者問題や自衛隊イラク派遣問題でもわかるように、日本の外交は方向感覚を失っている。

・第二のブロック↓敗戦後、我が国は「経済大国・軍事小国を目指す」と「官僚主導で規格大量生産型の近代工業社会を実現する」を国是としてきた。この二つは、本来自由主義と背馳《はいち》するが、冷戦のまっただ中だったので、アメリカは容認してきた。しかし、冷戦の消滅で、二つとも是認されなくなった。日本外交が混乱しているのは、このためである。

・第三のブロック↓経済については、水平分業から工程分業へとギアをチェンジすべきだ。

左図は、この第二のブロックを図解したものです。図解によって理解しやすくなっていることがわかると思います。

こうした図解は、自分だけわかればいいのですから、きちんと書く必要はありません。自分なりの解釈で書いていけばいいのです。矢印や○×などの記号を使ったり、色鉛筆で色分けしたりして、視覚的にわかりやすい図になるよう心がけましょう。

■文章図解の例

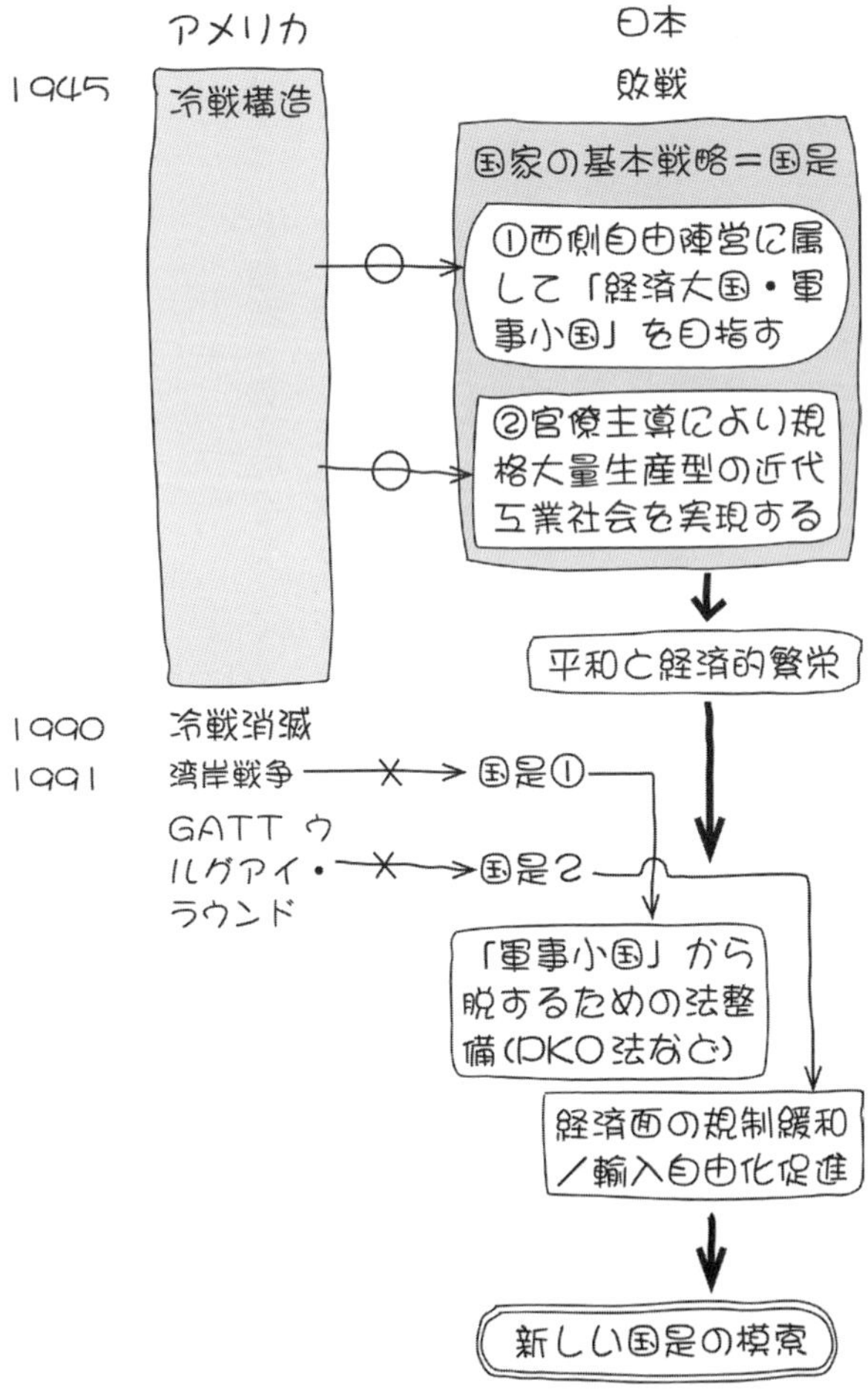

（堺屋太一氏の連載コラム『工程分業時代の国際的地位は』（＜週刊朝日2004.6.4より＞））

04

どんどん書き込み、付箋も活用しよう

単に読み流すより内容の理解や要約がしやすくなる

◆長い文書はチェック箇所を書き写していく

内容を覚えたり、深く理解したりする必要がある文書は、重要な部分や共感する箇所、あるいは疑問点などをチェックしながら読んでいきます。

文章が短ければ、そういった箇所を頭に刻み込ませることもできますが、単行本1冊といった長い文章になると、全部の箇所を覚えていられません。そのため、ページを行ったり来たりすることがどうしても多くなります。内容の把握や要約といった目的からすると、これはとても非効率です。

では、どうすればよいのでしょうか。

一つの方法として、チェック内容をノートに書き写すというやり方があります。要約するうえで必要な箇所や共感する部分などを書き抜いていくのです。そして要約するときに書き抜いた部分をまとめて、字数に合わせて整理します。この方法は要約しやすいというだけでなく、書くことによって記憶が強化されるという効果もあります。また、書き写したノートは、読書の記録として貴重な知的財産にもなります。

◆マーカーを使って書き込みながら読む

しかし、書き写すのは作業に時間がかかります。なるべく早く全体の内容を把握したり、要約したりする必要がある場合には、適した方法とはいえません。

そこで、文書に直接書き込みながら読んでいきましょう。人から借りた本とか、貴重な本でなければ、どんどん書き込みをしながら読んでいくのが効率的です。ノートを取る方法に比べて、書き込みと元の箇所との関わりがわかりやすいし、時間がたってから読み直す場合にも便利です。

書き込み方には、一般的な決まりなどありませんから、自分の好きな方法で書き込んでいけばいいのです。

ただ、自分なりに統一しておくことは必要です。たとえば赤い傍線をつける場合、前の方では共感する部分につけていたのに、後の方では疑問箇所につけるといったことをすると、内容の把握や要約がしにくくなります。

一般的に言えば、53ページの図のように、内容を理解するうえでポイントとなりそうな部分にはカラーマーカーで色をつけ、疑問点やあとで調べる必要がある箇所には傍線をつけるという方法がよいでしょう。疑問点や調査が必要な箇所については、傍線箇所から引き出し線を引いて、余白にその内容をメモしておきます。傍線でなく、色違いのマーカーを使ってもよいでしょう。

◆使えそうな箇所に付箋を貼る

内容を要約する必要がある場合は、付箋を使うとやりやすくなります。

全体を起承転結に分割して要約する方法なら、起承転結それぞれの中核となる箇所に付箋を貼ります。本を読み終えたら、その箇所を開いて、文章を書き抜き、字数に合わせてまとめるのです。

付箋の色や貼る位置を変えると、さらにきめ細かい作業が可能になります。たとえば、要約するのに必要な箇所には赤の付箋、調査が必要な箇所には青の付箋を使います。同じ色の付箋を使う場合には、要約に必要な箇所は本の天（上の部分）に、調査が必要な箇所は本の小口（綴じ目と反対側）に貼るなど位置を変えましょう。

付箋は、文房具店で売っている「ポストイット」という商品が便利です。コメントをつけたい場合は、大きめのものを貼って、それに書いておくとよいでしょう。

■付箋や書き込みを使う読書法

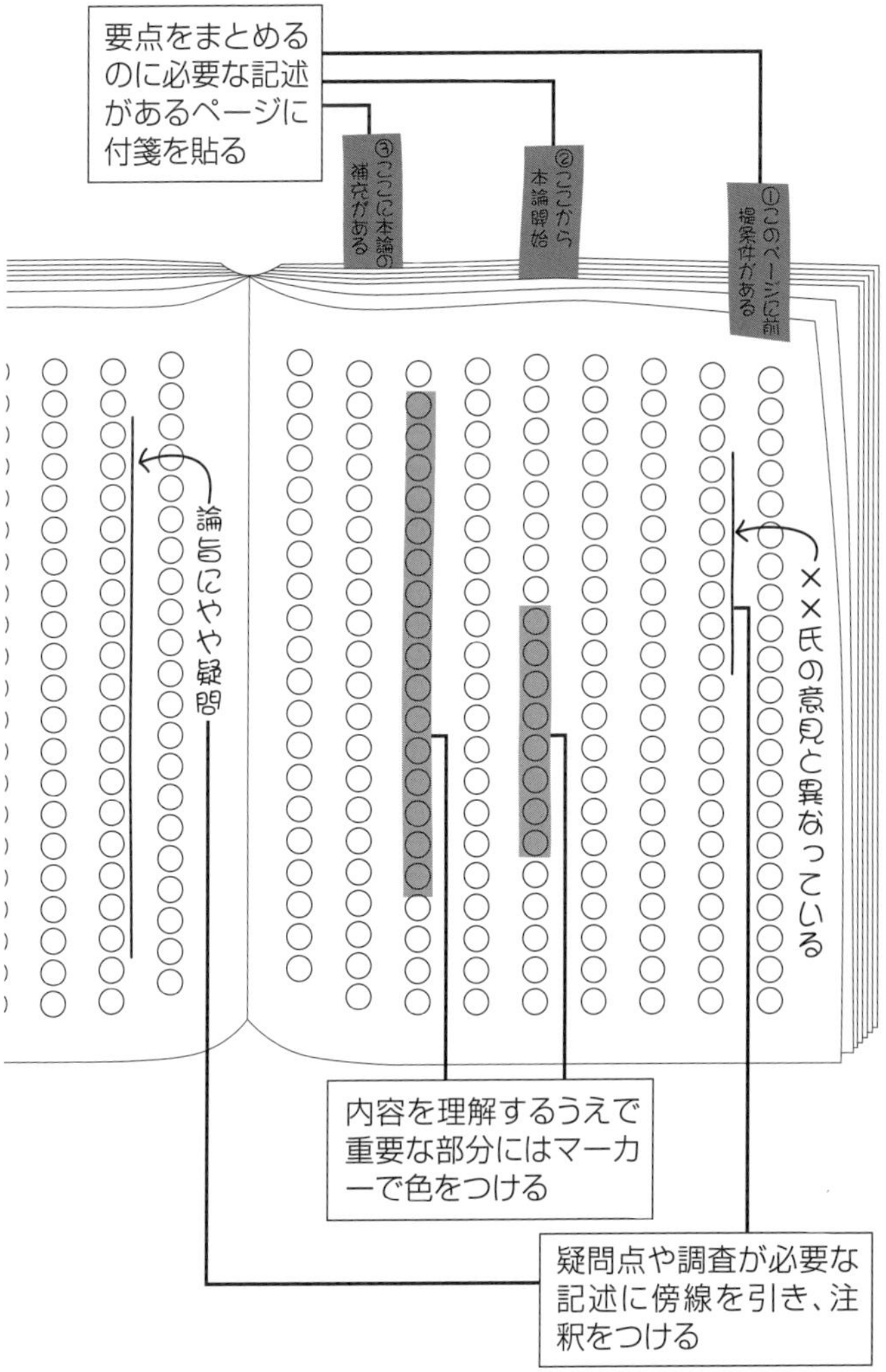

要点をまとめるのに必要な記述があるページに付箋を貼る
③ここに本論の補充がある
②ここから本論開始
①このページに前提条件がある
論旨にやや疑問
××氏の意見と異なっている
内容を理解するうえで重要な部分にはマーカーで色をつける
疑問点や調査が必要な記述に傍線を引き、注釈をつける

05

あとで要約しやすいメモとノートの取り方

机のない場所では小型メモ帳、机があれば大学ノートに記録する

◆私たちの記憶はアテにならない

前に使った情報を、もう一度調べ直すということはよく起こります。これが文書なら、手元にあるかぎり、何度でも読み直すことができますが、講演や講義、テレビのトーク番組といった談話だと、そうはいきません。きちんとテープにでも取ってあれば別ですが、ふつうは記憶に頼ることになります。でもこの記憶が頼りにならないのです。

文字情報と違って、音声情報は情報のほうから頭に飛び込んできてくれます。そのため、どうしても聞き流しがちになり、記憶が曖昧になりやすいのです。ときには、本筋の主旨はほとんど覚えておらず、余談やジョークしか記憶に残っていなかったりします。

それなら、必ずテープに取るようにすればいいと思うかもしれませんが、講師が著名人だと、録音・録画が禁止されているケースがあります。あとで商品化されることになっていて、聞き手が勝手に録音・録画すると、著作権を侵害することになるのです。

■講演メモの取り方

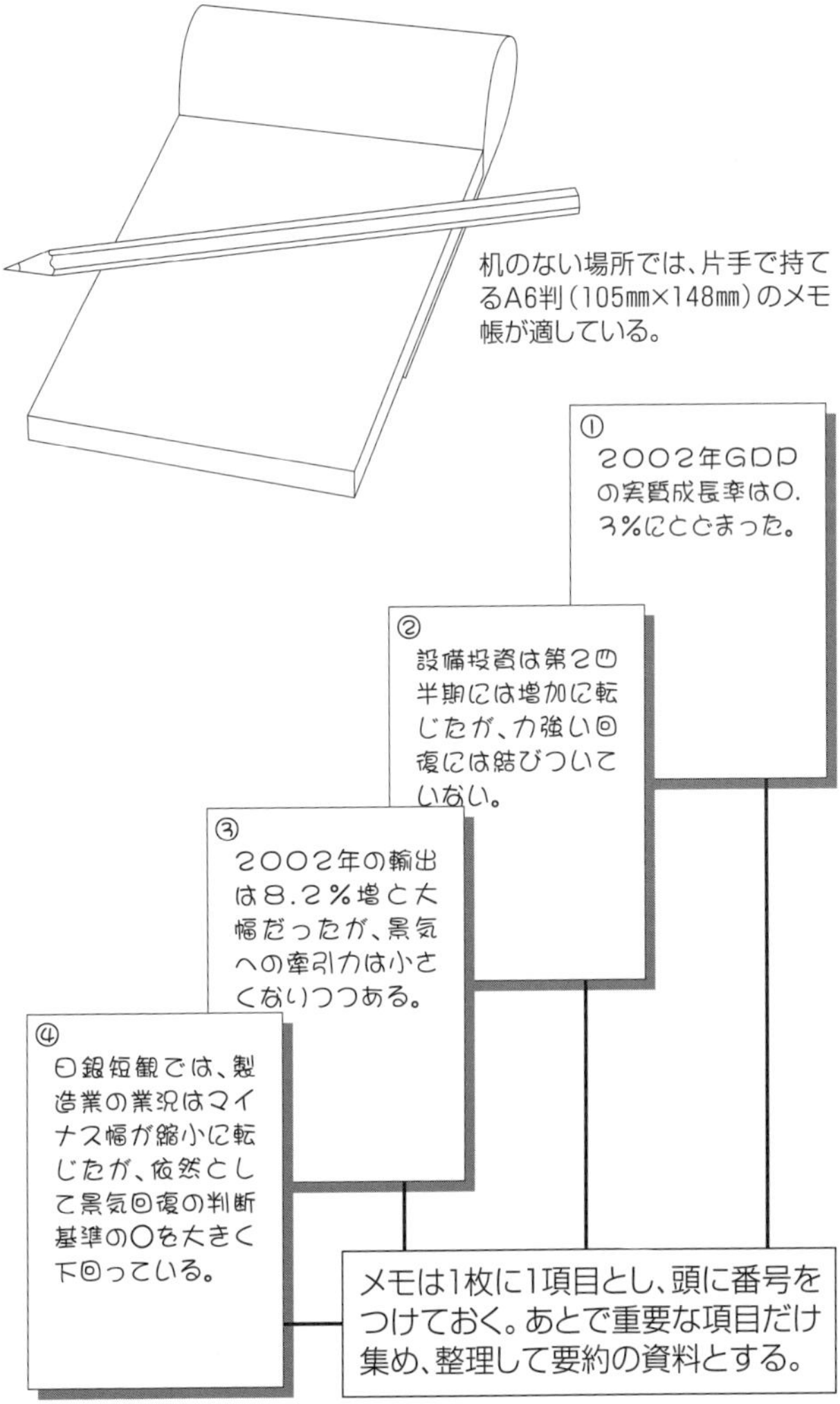

机のない場所では、片手で持てるA6判（105㎜×148㎜）のメモ帳が適している。
①
2002年GDPの実質成長率は0.3%にとどまった。
②
設備投資は第2四半期には増加に転じたが、力強い回復には結びついていない。
③
2002年の輸出は8.2%増と大幅だったが、景気への牽引力は小さくなりつつある。
④
日銀短観では、製造業の業況はマイナス幅が縮小に転じたが、依然として景気回復の判断基準の0を大きく下回っている。

メモは1枚に1項目とし、頭に番号をつけておく。あとで重要な項目だけ集め、整理して要約の資料とする。

ではどうしたらよいかというと、メモを取るほかありません。講演や講義を聞きにいく際は、必ずメモ帳を持っていくようにしましょう。

テレビを見る場合も、すぐ手の届くところにメモ帳をおいておくと便利です。はじめから記録すると決めた番組は録画すればいいのですが、見ているうちに急に重要な情報が流れた場合など、手近にメモ帳があれば、簡単にポイントを記録できます。

◆講演には小型のメモ帳が重宝する

どんなメモ帳にするかは、机の有る無しで違ってきます。一般的に講演は椅子だけの会場で行われ、講義は教室のような机のある場所で行われます。

机がない場所では、大きなノートは筆記しにくく、不便です。お勧めは、文房具店で売っているA6判のメモ帳です。新聞記者やライターがよく取材に使うもので、再生紙使用のものなら、1冊100円ぐらいで買えます。これなら片手でも持てるので、机がなくても筆記できます。

この型のメモ帳を使うときは、1ページ1項目を原則にしましょう。2、3行書いてあとは余白になっても、新しい項目は思い切りよく次のページに書くようにします。

1ページに複数の項目を書くと、次のページにまたがる項目がどうしても出てきます。こういう書き方だと、あとの整理がしにくくなるのです。

各ページの頭には、通し番号をつけておきます。整理する際は、ページをバラバラにして床などに並べ、重要度の低い項目を取り除き、残ったものを整理しやすい順に並べ替えます。それをもとに文章化すると、わかりやすい記録になるし、要約もラクになります。また、通し番号がついているので、元の順序に戻すのも簡単にできます。

◆机があるときは大学ノートが便利

一方、机がある場所で聴く場合は、A5判の大学ノートが便利です。この場合は、いわゆるメモでなく、受講ノートといった感じになります。したがって、記録もメモの場合より詳細になるのがふつうです。

大学ノートでは、さすがに1ページ1項目というわけにはいきません。その代わり、項目と項目の間を1~2行空けるか、線を引くようにします。また、大項目が終わるごとにページを替えていきましょう。

コツは、文字による記録には左ページだけを使うようにすることです。右ページは何に使うかというと、ここには図や表などを書くようにします。講義形式だと、黒板やスクリーン上に図表が示されることがありますが、そのうちの重要なものを書き写すのです。そのほか、あとでノートを整理する際、左ページに書いた事項の補足を書き込むのにも便利です。

06

長く複雑な文をわかりやすい単純な文に変える

不要な修飾語を取り除けば要約しやすくなる

◆長い文はなぜわかりにくいのか

文章読本の多くが「短文で書け」と説いているなかにあって、作家の丸谷才一氏は、文のわかりやすさは短いか長いかではなく、筋道が通っているかどうかである、といった趣旨のことを述べています。

たしかに卓見でしょうが、さまざまな文章を読むと、長い文にはわかりにくいものが多いのは事実です。これはなぜでしょうか。文がわかりにくくなる原因として一般に挙げられるのは、次の三つです。

①文章力が未熟なため、明快な構文が作れない
②考えが整理できていないため、錯綜した考えがそのまま文に反映されてしまう
③翻訳文では欧文と和文の構造の違いが原因でわかりにくくなりがち

①と②は同じことではないかと思うかもしれませんが、①は考えは整理できているのに、表現力

が伴わないためにわかりにくくなるケース、②は表現力はあるが、思考が整理できていないためにわかりにくくなるケースです。

③について、もう少し詳しく説明しましょう。欧文では通常、主語に続いて述語があります。そのため、その前後に多くの要素があっても、「だれがどうした」「なにがどうだ」といった文の中核はいちおう理解できます。

これに対して、和文では一般に主語は文頭のほうに、述語は文末にあります。このため、主語・述語以外の要素が多い欧文を和文に直すと、主語と述語とが離れてしまい、文全体の意味がつかみにくくなるのです。長文の翻訳文がとくにわかりにくいのはこのためです。

◆複雑な長文はこうして作られる

長くて複雑な文がどのようにしてできるか見てみましょう。まずもっとも単純な文。

「鳥がさえずる」

このように主語と述語の1組だけでできている文を単文といいます。単文が二つ重なると、

「鳥がさえずり、犬が駆け回る」

このような文を重文といいます。これに副詞・形容詞・形容動詞・連体詞などの修飾語がつくと、

「青いかわいい鳥が木の枝でさえずり、茶色の大きな犬がうれしそうに庭で駆け回る」

というふうに長くなってきます。これに修飾句がつくと、さらに長く複雑になってきます。修飾句とは、主語と述語を持ち（主語なしの場合もある）、文の他の要素を修飾する要素です。修飾句が入っている文は複文と呼ばれます。右の文を複文にすると、次のようになります。

「わたしが窓の外を眺めると、青い鳥が木の枝でさえずり、茶色の大きな犬がうれしそうに庭で駆け回っていた」

これだけでは、とくにわかりにくい文ではありませんが、これ全体が別の文の修飾句になることもあります。つまり、複文がいくつも重なった複合構造の文になる場合があるのです。そうなると、一読しただけでは、意味が取れなくなったりします。

◆必要性の薄い修飾語・句を取り除く

以上のプロセスを逆に見ていくと、長くて複雑な文をわかりやすい単純な文にする方法がわかります。まず、必要性の薄い修飾語を取り除いてみましょう。取り除いても文の基本的な意味が損なわれなければ、その語は必要性が薄いと判断できます。同じように修飾句についても、必要性の薄いものを取り除きます。

こうした作業を文章全体に対して行うと、「だれがどうした」「なにがどうだ」といった文の骨格だけが残り、文章の意味がつかみやすくなります。左がその例です。

■修飾語・句の削り方

~~ところで、すでに第一章で述べた野外の魚の行動からもおわかりのように、~~大多数の種類は決して、~~私が実験に使った~~さんご礁魚ほど攻撃的ではない。~~好戦的な種類と、多かれ少なかれ平和な種類とのようすを思い浮かべてみると、ただちに、~~色彩、攻撃性、定住性の間には、密接な結びつきがある~~ということに思い当たる。~~攻撃性が~~きわだって~~激しく、きまった住みかと結びついて現れ、攻撃の相手が~~もっぱら~~同種の仲間に集中している~~という~~場合は、~~わたしが野外で観察した魚のうち、はでな、ポスターのように大柄な色もようによって、それが~~どの種であるかが遠くからでもわかるものに限られている。~~事実先にもふれたように、~~この並はずれて風変わりな色彩こそ、~~わたしの好奇心をそそり、~~何か問題があるなと感じさせたのであった。

（ローレンツ『攻撃』日高敏隆・久保和彦訳＜みすず科学ライブラリー＞）

↓

大多数の種類は決して、私が実験に使ったさんご礁魚ほど攻撃的ではない。色彩、攻撃性、定住性の間には、密接な結びつきがある。攻撃性が激しく、きまった住みかと結びついて現れ、攻撃の相手が同種の仲間に集中している場合は、どの種であるかが遠くからでもわかるものに限られている。この並はずれて風変わりな色彩こそ、何か問題があるなと感じさせたのであった。

07

文字量を削る〝とっておき〟テクニック

カタカナ語より漢字熟語、場合によってはアルファベットで

◆漢語や訳語に言い換える

「40字要約」の40字という字数制限は、かなり厳しい条件です。句読点だけで1～4字ぐらいは使いますから、実際には39～36字ぐらいで要約しなければなりません。そこで、文字量を削減するテクニックを知っておきましょう。

一般に、もっとも字数を使うのは、カタカナで表記される外来語や外国語です。同じ表音文字でも、アルファベットは1バイト文字、カタカナは2バイト文字ですから、アルファベットの単語をカタカナで表記しようとすると、どうしても文字数が多くなってしまいます。

漢字も2バイト文字ですが、表意文字なので、カタカナ・ひらがなに比べて、同じ字数で多くの意味を表せます。そこで、もし外来語・外国語と同じ意味内容を表す漢語があれば、それを使うようにします。たとえば、「インフラストラクチャー」は11文字使いますが、「経済基盤」という漢語を使えば、4文字ですみます。

■字数を減らす方法

①カタカナ語を漢語に換える
［例］インフラストラクチャー→経済基盤、または基礎構造

②長い和語を短い漢語に換える
［例］思いがけず→意外に、伸び縮みする→伸縮する

③長い漢語を短い和語に換える
［例］返還する→返す、減少させる→減らす

④略語や略称を使う
［例］国際連合→国連、国際保健機関→WHO

⑤外国語はカタカナでなく原語を使う
［例］クアハウス（多目的温泉保養施設）→Kurhaus

⑥なくてもわかる読点を削る
［例］ 文芸では曖昧な表現や、矛盾した言い方が、独特の味わいを持つことがある。→文芸では曖昧な表現や矛盾した言い方が独特の味わいを持つことがある。

⑦デアル調をダ調にする
［例］ サービス残業とは、残業手当を支払わずに、時間外労働をさせることである。→サービス残業とは、残業手当を支払わずに、時間外労働をさせることだ。

⑧不必要な接続詞・副詞・形容詞を削る
［例］ みんなは泣いた。そして、彼も涙を流した。→みんなは泣き、彼も涙を流した。

⑨同じ意味のことを述べている部分をまとめる
［例］ 私は、ああではないかと考えたり、いやこうかもしれないと考えたりした。→私は、あれこれ思い悩んだ。

⑩詳しすぎる記述を簡潔にする
本筋と関係が薄い注釈的な部分を削ったり、実例が複数あれば、そのうちのいくつかを削ったりする。

適切な訳語が存在しない外来語・外国語については、カタカナで表記するほかありません。

ただし、もとの外国語と意味がずれていないカタカナ語は、アルファベットで書けば、字数を削減できます。アルファベットは、2字を日本語の1字分のスペースに入れられるからです。たとえば、「ダウンロード」（6文字）はdownload（4文字分）と書いても、正しく理解されるし、字数も減らせます。

◆漢語と和語を使い分ける

外来語や外国語のほかに、日本語の語彙には、和語・漢語・混種語があります。和語とは日本語固有の単語で、やまと言葉ともいいます。漢語は中国から移入されて、日本語に定着した漢字語です。混種語は、和語や漢語が外来語・外国語と混合して一語となったものです。

一般に、和語は漢語に比べて長いので、字数を減らすためには、できるだけ漢語を使うのが得策です。とりわけ、2文字熟語や4文字熟語を使うと、少ない字数で複雑な意味を表現できます。たとえば、「国内外のさまざまな心配事」は「内憂外患」と書けば、4文字ですみます。

基本的な単語については、漢語より和語のほうが短い場合もあります。「返還する」より「返す」の方が、「減少させる」より「減らす」の方が字数が少なくなります。

そのほか、略語・略称を使うなど、字数を減らせるいろいろなテクニックを身につけましょう。

第1部 40字要約の基礎

3章 40字要約力をつけるための練習法

01

40字という〝感覚〟を身につけるために

〝感覚〟強化のためには日常の習慣化が欠かせない

◆実際に書いてみないと〝感覚〟は身につかない

「40字要約」の理論はわかっても、それをマスターし、さらに仕事や生活に役立てなくては何にもなりません。

マスターするには、一にも二にも実際に書いて練習するしかありません。今時のことですから、ワープロソフトを使ってもかまいませんが、できれば手書きで練習したほうがよいでしょう。

200字詰めか400字詰めの原稿用紙に書くのがお勧めです。一般的な原稿用紙は1行＝20字ですから、2行に収まるようにまとめると、40字要約になります。

ワープロソフトでは、簡単に書き直しできるので、字数調整がラクです。でも逆に、このくらい書けば40字という〝感覚〟がかえって身につきにくいのです。

一方、原稿用紙を使うと、字数が足りなかったり、多すぎたりすると、その都度、最初から書き直さなくてはなりません。何度か書き直しているうちに「このくらい書けば40字」という感覚が、手の動きを通して自然にインプットされてきます。こうなるとしめたもので、以後は、ほぼ40字になる文章が頭の中で作れるようになります。

プロの作家が、下書きなしで指定の枚数に収まるように文章を書けるのは、こうした感覚が身についているからです。

◆無意識にできるまで習慣化する

このような練習によって、40字要約の基礎力は身につきます。しかし、それを維持・強化するには、40字要約を「日常化」することが必要です。

日常化するということは、職場だけでなく私生活でも機会あるごとに40字要約を行うということです。といっても、常に紙とエンピツがあるわけではありません。さらに記録に残す必要のないものもあるでしょう。そんな時は要約を頭の中で行えばいいのです。

電車で移動中に週刊誌や新聞を読んだら、印象に残った記事を40字でまとめてみましょう。また、自宅で本を読んだあとやテレビでニュース解説を視聴したとき、あるいは職場で参考資料を読んだときなども、同じように要約してみましょう。

どのくらいの文章なら40字になるかという感覚は、原稿用紙を使った基礎訓練で身についているはずですから、頭の中だけの要約でも、そう大きくズレないはずです。

自転車の乗り始めや水泳の習い始めのころは、体を意識的に動かさなくてはなりませんが、慣れてくると、自然に体が反応するようになります。40字要約も、これと同じです。最初は意識的に作業をしなくてはなりませんが、そのうちに、無意識にでもできるようになります。なんとか習慣化できればしめたものです。

◆記憶力が強化されるだけでなく発言に説得力が増す

40字要約が習慣になると、読みっぱなし、聴きっぱなしにしていたころに比べ、内容の記憶が鮮明になり、かつ長く印象に残るようになります。

たとえば、何かの企画を考える際、以前に読んだり聴いたりした内容が自然に頭に浮かんできて立案を助けてくれます。ブレーンストーミングやKJ法でアイデアを出すときには、とくに役立ちます。

会議で提案するときや何かの対策を考えるときにも、意見が出やすくなります。

それだけではありません。40字要約の手法が身についてくると、内容を手際よくまとめられるので、発言に説得力がつきます。上司に報告するとき、部下に指示を出すときも同じで、コンパクトで明快なやり取りができるようになるのです。

40字要約を習慣化することによって、これだけのメリットが生まれます。

■40字要約を習慣にするメリット

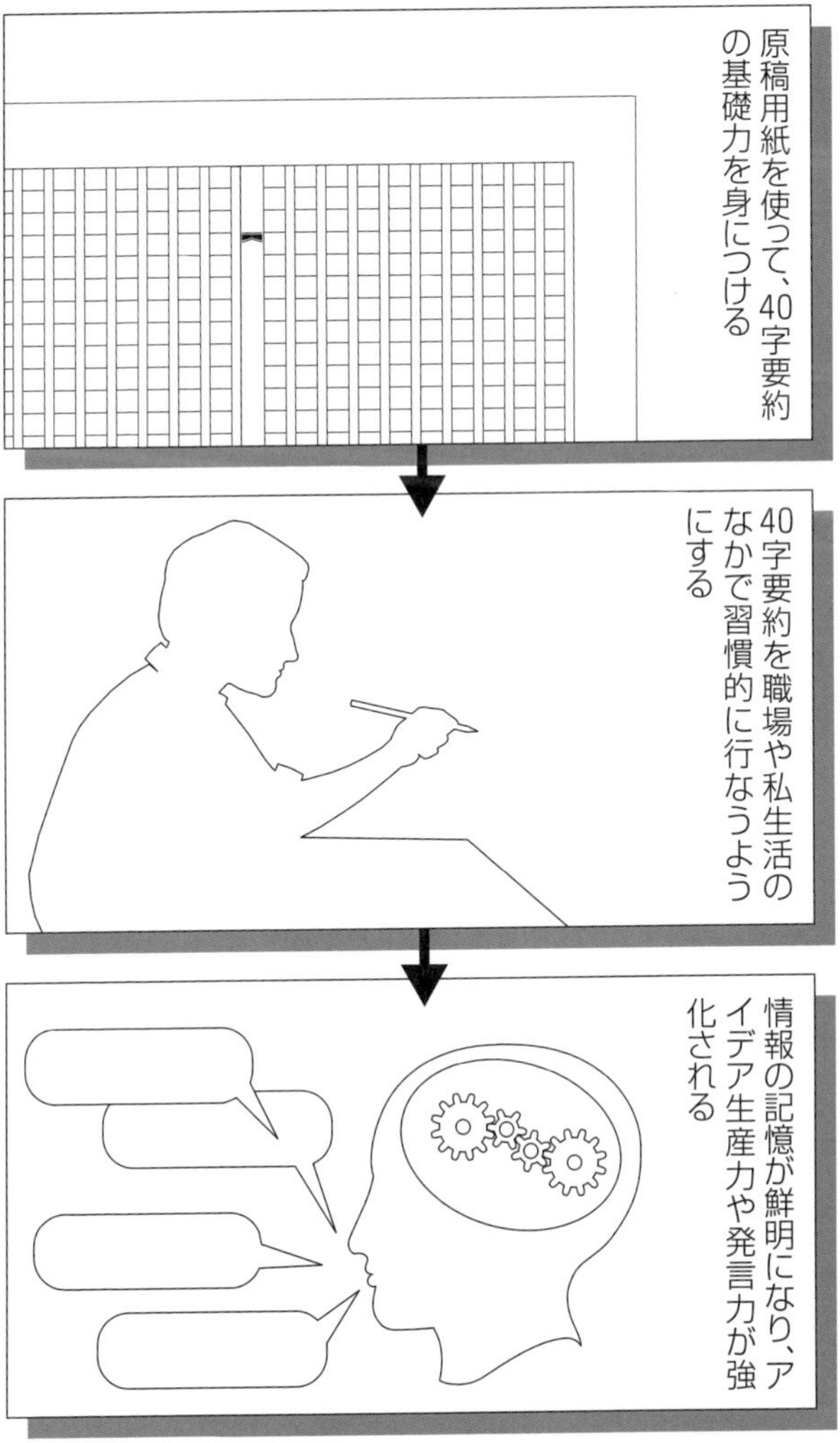
原稿用紙を使って、40字要約の基礎力を身につける
40字要約を職場や私生活のなかで習慣的に行なうようにする
情報の記憶が鮮明になり、アイデア生産力や発言力が強化される

02

電車の中でできる40字要約トレーニング

車内吊り広告や書籍の帯を使っての訓練法

◆車内吊り広告で推理力を養う

満員電車の中でも、できることはいくつもあります。まず情報収集。電車には、たいてい雑誌や書籍の車内吊り広告があります。これを見ていると、いま何が問題・話題になっているか、それについて、マスコミはどんなスタンスで記事を書いているかがわかります。あなたが企画担当者なら、アイデアの種が拾えるし、営業担当者なら、顧客対応時の話材を探すことができます。

また、雑誌や書籍の広告を活用して、40字要約力を強化することもできます。広告の見出しはすでにコンパクトになっているため、要約自体の練習にはなりませんが、その基盤となる推理力や構成力が養えるのです。どういうことか説明しましょう。

雑誌の車内吊り広告には、主な記事のタイトルやサブタイトルのほか、編集部がとくに力を入れている記事については、キャッチコピーがついています。そうしたものを見ながら、元の記事がど

■雑誌の中吊り広告から内容を考える

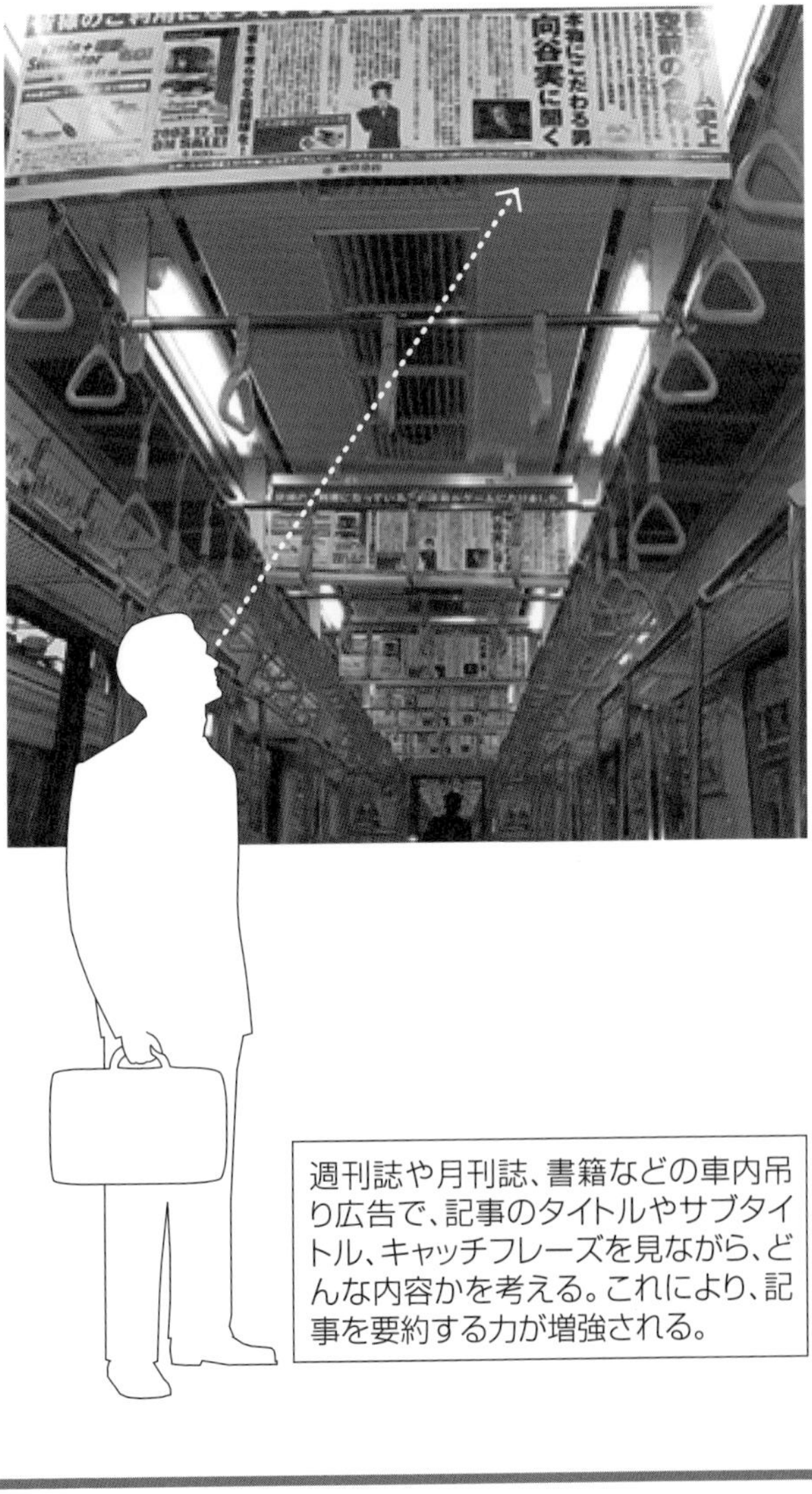

週刊誌や月刊誌、書籍などの車内吊り広告で、記事のタイトルやサブタイトル、キャッチフレーズを見ながら、どんな内容かを考える。これにより、記事を要約する力が増強される。

んな内容で、どのように構成されているかを考えるのです。

というのも、雑誌・書籍の車内吊り広告は、編集長クラスの実力者がもっとも力を入れて作成するものです。そうした人たちが作るキャッチコピーは、元の記事を効果的に反映したものになっているはずです。そこで、広告を作るのと逆の方法で、元の記事が正確に推測できれば、実力編集者と同等の力量があるということになるわけです。

◆帯や折り返しのキャッチフレーズを考える

書籍については、40字要約に近い練習をする方法があります。

たいていの書籍は、表紙カバーの下側3分の1ほどの部分に帯（業界用語で「腰巻」）がついており、そこに読む気をそそるようなキャッチコピーが載っています。また、表紙カバーをめくったところにある折り返しにも、その本の特徴やキャッチコピーが印刷されています。

これらのキャッチコピーは、編集者の腕の見せ所で、いかに読者を惹きつけられるか、本の内容を的確に表現できるかで、その力量がわかるといわれています。つまり、帯や表紙カバーの折り返しにある文章は、40字要約に近い性格を持っているわけです。そこで、本を買ったら、編集者になったつもりで、キャッチコピーを作ってみましょう。それを編集者が作ったものと比べて、どの程度のできか自己判定します。こうした練習は、まちがいなく40字要約力を強化します。

■帯や折り返しのキャッチコピーを考える

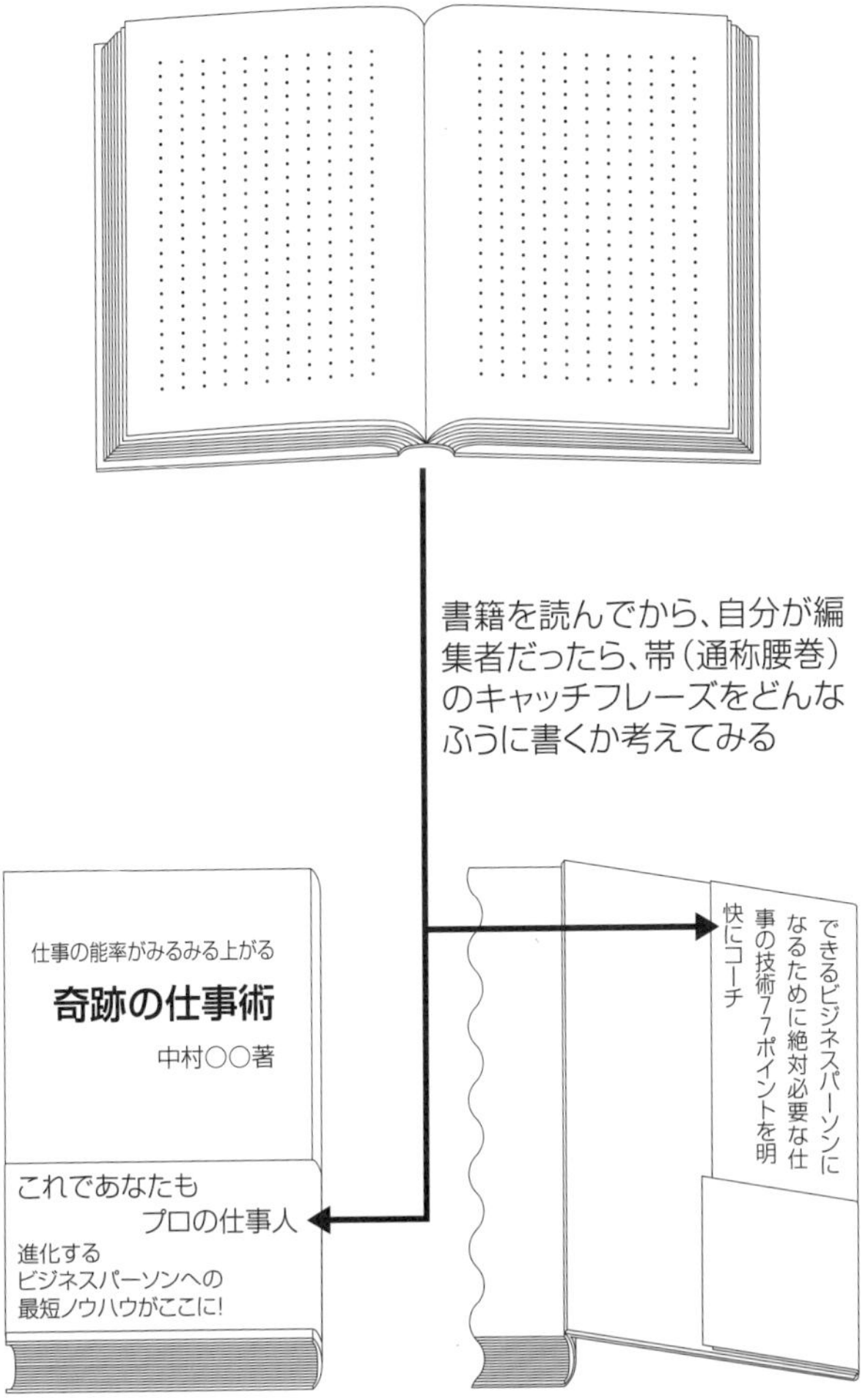

書籍を読んでから、自分が編集者だったら、帯（通称腰巻）のキャッチフレーズをどんなふうに書くか考えてみる
仕事の能率がみるみる上がる
奇跡の仕事術
中村○○著
これであなたも
プロの仕事人
進化する
ビジネスパーソンへの
最短ノウハウがここに!
できるビジネスパーソンになるために絶対必要な仕事の技術77ポイントを明快にコーチ

03

事実の説明と筆者の意見とを読み分ける

読み手の判断や評価を誤らせる混在文

◆混在する文が多いので自分の頭で判断する

仕事や勉強に使う参考資料がすべて明晰でわかりやすく書かれていれば、こんなラクなことはありません。理解しやすいし、必要な箇所がすぐに見つかります。当然、要約もラクです。

ところが、実際には問題のある文章が少なくありません。とりわけ注意しなくてはならないのは、「事実の説明と筆者の意見とが入り交じっている」文章です。考えを整理しないまま書かれると、そういう文章になりがちです。

こうした文章が困るのは、筆者の意見や主観に読み手が影響されやすいという点です。

小説やエッセイなら、それが持ち味にもなりますが、報告書やレポートの場合は、事実にもとづいて読み手が判断や評価を下さなくてはなりません。事実の説明と筆者の主観とが混在していては、それを妨げることになります。

もちろん、筆者が筆者なりの判断や評価を示すことは必要ですが、それは、すべての事実を読み

■事実と意見が混在している文章の例

家庭用電磁クッカー「SR-1478」についての
ユーザー懇談会の結果について

報告者:生活調査室主査・山田○○

当社が○○年6月20日に発売した家庭用電磁クッカー「SR-1478」の使用感について、24項目から成るアンケート調査(結果は別紙)をしたのち、回答者のなかから12名のユーザーにお集りいただき、懇談会を実施した。この方式は、①当社製品の優越性を知るうえで、非常に適していると実感した。

まず価格であるが、12名中2名が「性能の高さに比べれば割安」と答え、2名が「ほぼ妥当」、6名が「もう少し安くしてほしい」で、「高すぎる」と答えたのは②2名のみであった。これから、③価格設定は的確であったと判断できる。

次に、ボタンの位置については、ほとんど全員が「適切で使いやすい」と答えたが、「On-offボタンと温度調節ボタンの大きさ・色・形が同じで、混乱するときがある」と答えたユーザーが1名いた。これは④かなり高齢の方であった。

また、使用可能な鍋の種類が他社製品より多く、使用できない鍋については音声で知らせるというシステムについては、⑤絶賛の嵐であった。

⑥若干注意が必要だと思われたのは、マニュアルのうちの注意事項である。人体に対する電磁波の影響についての不安が出された。マニュアルには、その恐れはないと記述されているが、その箇所が後ろのほうにあるため、見落とす人が多いようである。これを前……(以下略)

手に提供したあとにすべきです。それらが分けて書かれてあれば、筆者の判断・評価とは別に読み手は自分の頭で結論を出すことができます。

ただし、書き手のなかには、読者を自分の思った方向に誘導するため、事実の説明と自分の意見とを意識的に混在させる人がいます。それに引っかからないように、両者をしっかり読み分けて、自分の頭で判断するようにしましょう。

◆筆者の主観に惑わされてはいけない

75ページの囲み記事を例にとって、事実の説明と筆者の意見が混在した報告書のどこが問題かを見てみましょう。

この懇談会は商品についての客観的な評価をユーザーから得るために行ったはずです。ところが、①を見ると、自社の製品が絶対に優れているという前提で行っていることがわかります。「はじめに結論ありき」で懇談会を行ったため、報告書も、その流れのなかで書かれることになりました。

②の「2名のみ」や、③の「価格設定は的確」というのは、筆者の主観にすぎません。高すぎるというユーザーが「2名だけだった」と見るか、「2名もいた」と見るかで、その後の販売政策はかなり違ってくるはずです。

④では、ボタンの使い分けに迷うというユーザーが「かなり高齢」だといっています。しかし、

「高齢」には幅があるし、同じ年齢でも身体能力や知的能力には個人差があります。筆者はそれを無視して、使い分けに迷うのは、その人が加齢によって視力や判断力が落ちているためで、いわば例外にすぎないと暗示しています。

⑤と⑥も同じで、賞賛の程度や注意が必要な度合いについて、自分の主観を押しつけています。

このような書き方だと、商品開発や販売の担当者に十分な読解力・洞察力がないと、筆者の主観を客観的な評価だと受け取ってしまう恐れがあります。その結果、商品の改良や販売政策の手直しが後手に回ってしまうこともありえます。

◆形容詞・副詞には主観が出やすい

この報告書ほどあからさまでなくても、客観的であるべき文章のなかに、筆者の主観が混じってしまう場合があります。読み手がとくに注意しなくてはならないのは、形容詞と副詞です。これらの言葉には、書き手の主観が入りやすいのです。

たとえば、「美しい女性」の「美しい」は、書いた人の主観です。美醜の感覚は人によってかなり違うので、別の人が見れば「十人並み」と感じるかもしれません。「美しい」と書くことで、自分の感覚を押しつけていることになるわけです。読み手はそれに惑わされないように、適宜割り引いて、または割り増しして判断することが必要です。

04

人の文章を添削すると読解力がつく

迷文・悪文を添削して筋の通った文章にする

◆名文より迷文・悪文の方が役に立つ⁉

読解力をつけるには、いろいろな種類の文章を数多く読むことです。流し読みするだけではだめで、じっくり意味を考えながら精読することが必要です。

文章力養成のハウツー書には、「名文を数多く読め」と書かれています。しかし、読解力養成の見地からは、名文より、むしろ迷文・悪文といったできの悪い文章を読んだほうがいいのです。

小説などの芸術的な名文のなかには、わかりにくいものもありますが、報告書、論文、ルポルタージュ、評論といった情報伝達型文章の場合は、名文イコール論旨の通った文章というのが一般的です。そのため、名文ほど、苦労せずに内容を理解することができます。

これに対して、飛躍や矛盾が多い迷文・悪文は、内容を補ったり、論旨を整理しながら読まなくてはなりません。名文を読むときより、ずっと頭を使うわけです。その結果、思考力が増し、文章の内容を正しく把握する力がついてくることになります。

仕事で急いで情報を得なくてはならないときの、迷文・悪文は迷惑な存在ですが、読解力養成のためには役に立つ教材といえるでしょう。

◆読解力をつけるために社内の悪文を添削する

これよりもっと効果的に読解力をつける方法があります。やはり迷文や悪文を使うのですが、読むだけの場合より少し手間がかかります。それら迷文・悪文を添削するのです。

たいていの人は、学生時代、作文や小論文、レポートなどを先生に手直ししてもらった経験があるはずです。それと同じ作業を、こんどは自分がするのです。

長くて複雑な文を短い文に分解し、接続詞や接続助詞を適切なものに変え、不要な文を削り、飛躍のある部分には必要な言葉を補い、文の並び方を筋が通るように入れ替える――こういった作業を的確に行うためには、元の文章で筆者が何をいおうとしているのかを推測しなくてはなりません。その推測にもとづいて添削した結果、筋の通った文章に変わっていれば、読解が正確にできたと判断できます。

問題は、迷文や悪文をどこで手に入れるかですが、会社では、部下の報告書や企画書、上司の指示書など、教材には事欠かないはずです。それに、プロが書いているはずの新聞・雑誌の記事にも、できの悪い文章がけっこうあります。そういう文章に出会ったら、さっそく添削してみましょう。

最近の経営学理論の1つに、新しい状況が発生したら、新しい組織を編成してこれに当たるべきであって、旧来の組織ではだめだという状況依存理論というのがある。

この状況依存理論と違うのが、いくつかの企業を観察してみると、経営環境や状況にはこれといった変化はないのに、やたらと組織変更が行われるケースが目につくことである。

ところで、ある有名な外資系企業の日本支社で、実際にあったことであるが、その支社は開設されて以来順調に業績を伸ばしていたのに、アメリカから新任の支社長が赴任してきて支社の機構を全面的に改め大幅な人事異動を行うということが起こった。

その理由は、出世欲の強い人物であるその新しい支社長は、大幅な機構改革

■文章の添削例

や人事異動を行うことによって赴任早々（バリバリ）じゃんじゃん仕事をやっているという印象をアメリカの本社に与えようとしたらしいのである。（ところが、これが裏目に出た。）しかし乍ら、それまでの業績が順調に推移していたにもかかわらず、支社内（機構が急激かつ大幅に変わったため、）部か、あるいは本社との関係に何かトラブルがあったのではないかという疑念を取引先に与えることになり、裏目に出てしまった。

そのうえ〈、〉それに加えて、社員の多くも、仕事にミスや遅れが生じる（を起こす）ようになった。その原因は、すなわち、社員たちの業務の範囲や内容が急に変わった（担当業務の範囲や内容が急に変わったため、）ことであった。これが、取引先の疑念をさらに増大させるという原因にもなり、（ため）なかには取引を縮小したり、（しだり）取引を停止するところまでも出てきてしまったのであうた。

支社の業績は下がり続け、結局、そのアメリカから来た新任の支社長は、辞任したのであった。

■わかりにくい文章の改良法

①いくつもの複文が重なった文を単純化する
1つの文の中にいくつもの句が入っていると、意味が取りにくい。別々の文に分けられないか検討する。

②接続詞・接続助詞が適当かどうか検討する
「しかし」とあるのに、その前の文とあとの文が逆接の関係になっていないものなど、不適切な接続詞・接続助詞は適切なものに替え、不要なものは取り去る。

③修飾語と被修飾語を近づける
修飾語は被修飾語のできるだけ近くに置く。1文中に修飾句と修飾語がある場合は、句を先に、語をあとに置く。

④文や段落の並べ方が適切か検討する
文や段落が時間の順か空間の順、または論理の順に並んでいるかチェックする。

⑤関連する内容をグループにまとめ直し、時間・空間または論理の系列に従って並べ直す
文や段落の並び方が無原則で、文意に飛躍や重複がある場合は、いったん文の単位でバラバラにし、一定の基準に従って並べ直す。

⑥抽象的な内容が続いている場合は、実例や具体例を入れる
「たとえば」とか、「一例を挙げると」といった形で例を挙げると、読み手はイメージを描きやすくなる。

⑦なくても意味が通じる語句や文は削る
書き慣れない人の文章には、必要なことが入っていないケースより、不要なことが入っているケースのほうが多い。

第1部　40字要約の基礎

4章 40字要約を仕事にどう活かすか

01

会議での発言や報告書作成に活かす

ポイントがすぐわかるように、簡潔にまとめる

◆会議はあなたを光らせる絶好のチャンス

会社でたびたび開かれる会議は、実務の時間を取られる、準備が必要など、けっこうやっかいなものですが、反面、あなた自身を光らせる絶好のチャンスにもなります。

テーマについて適切な提案をする、論議の方向をリードする、他のメンバーの提案について問題点を指摘したり、的確な補足をしたりする——こうした発言によって、「デキルやつ」という印象を周囲に与えることができるのです。そのためには、十分準備をしておくことが必要です。

通常、会議の前に主催者から資料が配付されます。それをしっかり読んで、会議の目的や検討課題、問題点などを把握しておきましょう。

また、会社や所属セクションを代表して会議に出席する場合は、上司や関係者の意見を聞き、テーマや問題点ごとに見解を統一しておくことが必要です。さらに、他の出席者がどんな意見を述べそうか、そのうち自分の意見と対立しそうな意見は何か、といった情報収集もしておきます。

そのうえに立って、当日どのように意見を述べれば多くの賛同を得られるか検討し、発言のしかたや順序を考えておきます。

こう見てくると、準備がいかにも大変そうですが、40字要約で読解力や情報収集力を高めている人にとっては、大して面倒な作業ではありません。配付資料から要点を読み取るのも、発言の組み立ても、スムーズにできるはずです。

会議にあまり慣れていない人は、発言したいことを事前にメモにまとめておきましょう。要点がはっきりしないダラダラした内容では、せっかく発言しても逆効果になります。40字要約の要領で、ポイントがはっきりわかる簡潔な発言を心がけましょう。

◆公共性が求められる議事録、要点の記述が必要な会議報告書

会議の中には記録を残すものがあります。記録には、議事録と会議報告書の2種類があります。

議事録は、一般に規模が大きく、公共性の高い会議の記録をまとめたものです。たとえば、衆参両院や地方議会の討議の結果は議事録として残さなければならないと、法律で定められています。企業の場合は、株主総会や取締役会について、議事録が必要と商法で決められています。

公共性という性格から、議事録は記述が詳細で、原則としてすべての発言が記録されます。

一方、会議報告書は、会社内や企業間の会議、ミーティング、打ち合わせなど、比較的規模の小

さい会議の記録をまとめたものです。

会議の結果を上司などに報告することが主目的で、一般的な公共性はあまりありません。そのため、何が討議され、どんなことが決まったかといった要点だけが記録されるのが普通です。

◆会議報告書作成のポイント

会社内や企業間の会議に出ると、その報告書作成を命ぜられることがあります。その場合、適切な報告書が作れるかどうかで、あなたの資質が問われます。

会議報告書のまとめ方がいい加減だと、関係者は、決定事項にもとづいた行動計画が立てづらいというマイナスの影響が出ます。したがって、報告書作成者は、だれが読んでも、会議の概要がすぐわかるように書かなくてはなりません。そのためには、一定の書式に従ってまとめることが必要です。

統一した書式を定めている企業なら、それを使ってまとめます。決まった書式がない場合は、左ページの書式例を参考にして、自分で作りましょう。

議事内容については、何が討議され、何が決まり、何がペンディングになったかということがはっきりわかるように書くのがポイントです。箇条書きにして、それらが一目でわかるようにします。とくに金額や日時、固有名詞は、誤りのないように、しっかり確かめてから書きましょう。

■会議報告書の書式例

<table>
<tr><td>会議名</td><td colspan="3">東北地区への支店展開について</td></tr>
<tr><td>開催日時</td><td colspan="3">○○年8月11日(○曜日)9:30～11:30 am</td></tr>
<tr><td>場　所</td><td>本社第3会議室</td><td>司　会</td><td>田中××</td></tr>
<tr><td colspan="2">出席者:鈴木○○、高橋××、木村○○、福田××、坂上○○、高木××、山下○○、石井××、立花○○</td><td colspan="2">欠席者:大庭○○</td></tr>
<tr><td>議事内容</td><td colspan="3">(1)討議事項
①・・・・・・・・・・・・・・・・・・・・・・・
②・・・・・・・・・・・・・・・・・・・・・・・
③・・・・・・・・・・・・・・・・・・・・・
④・・・・・・・・・・・・・・・・・・・・・・
⑤・・・・・・・・・・・・・
⑥・・・・・・・・・・・・・・・・・・・・・・・
(2)決定事項
①・・・・・・・・・・・・・・・・・・・・
②・・・・・・・・・・・・・・・・・・・・・・・
③・・・・・・・・・・・・・・・・・
④・・・・・・・・・・・・・・・・・・・・・・・・
(3)検討事項
①・・・・・・・・・・・・・・・・・・・・・・・
②・・・・・・・・・・・・・・・・・・・・・・・
③・・・・・・・・・・・・・・・・・・・・・・
④・・・・・・・・・・・・・・・・・・
(4)特記事項
①・・・・・・・・・・・・・・・・・・・・・・・
②・・・・・・・・・・・・・・・・・・・・・・・
(5)次回開催予定
日時:○○年8月18日(○曜日)9:30～11:30 am
場所:本社第2会議室</td></tr>
<tr><td>作成日</td><td>○○年8月12日</td><td>作成者</td><td>中村××</td></tr>
<tr><td>報告書確認</td><td colspan="3">太田○○　印</td></tr>
</table>

02

商品開発・アイデア発想に活かす

アイデアや情報をコンパクトにまとめるのに役立つ

◆企画立案や問題解決に使われるＫＪ法

会社で企画を立てたり、問題解決法を考えたりする際に使う発想法には、いろいろな種類がありますが、もっとも広く利用されているのが「ＫＪ法」です。

ＫＪ法は、文化人類学者・川喜田二郎氏が創案した方法で、ＫＪは同氏の名前の頭文字です。

この方法は、個人で発想するときだけでなく、集団で発想するときにも使えます。集団で発想する場合は、ブレーンストーミング法と組み合わせて使われることが多いでしょう。そこで、まずブレーンストーミング法について簡単に見ていくことにします。

ブレーンストーミング法では、メンバーがそれぞれにアイデアを考え、順番に発表します。筆記係がその骨子をホワイトボードや黒板に書いていきます。メンバーは、既成観念にとらわれず、自由奔放に考えることを心がけます。どんなアイデアや意見に対しても、反対や批判・非難をしてはいけないのが、この方法の決まりです。

これを続けていき、だれからもアイデアが出なくなったら、それまでに出たアイデアについて実現可能性や重要度、効果などを考えて評価します。その後、評価後のアイデアを文章にまとめていきます。

◆アイデアをカードに40字前後で書く

このブレーンストーミング法をＫＪ法と組み合わせる場合は、出たアイデアをホワイトボードや黒板ではなく、各自がカードに書いていきます。カードの大きさは自由ですが、一般的には名刺サイズ～葉書サイズが使われます。

各自が思いついたアイデアや意見、持っている知識や情報をカードに次々と書いていくわけですが、このとき、40字要約で養った文章の整理力がものをいうのです。

アイデアや情報をコンパクトにまとめないと、カードが小さいので、１枚に書ききれなくなります。また、小さい字で無理に詰め込むと、見にくくなります。一つのアイデアや情報を40字前後でまとめると、一目で読み取れるので、そのあとの作業がしやすくなるのです。

メンバーがアイデアや情報を出し切ったら、すべてのカードを床の上など広い場所に広げます。全員でそれらのカードを眺めながら、似た内容のものを2～5枚くらいずつ集め、グループ化していきます。どこにも入らないものは、無理に入れず、そのままにしておきます。

グループは輪ゴムなどでまとめて束にし、その内容がわかるようなタイトルをつけます。

◆グループを構造化する

この束を模造紙など大きな紙の上に広げ、内容の近い束を寄せ集めて、中グループ、大グループを作ります。

そのグループがどんな関係になっているかを考えながら、模造紙上にマジックインクなどで線や矢印を書き、つなげていきます。このとき、原因と結果の関係は黒、目的と手段の関係は赤、同等の関係は緑というように色を使い分けると、整理しやすくなります。

こうした作業の過程で、たくさんのアイデアや情報が次第に筋の通った形に構造化されていきます。論理的に問題のない状態にまで構造化されたら、それを別紙に移し、ツリー状に整理します。

パソコンで文章化する場合は、ツリー構造をそのままアイデアプロセッサーに移せばよいでしょう。アイデアプロセッサーは、アウトラインプロセッサーともいい、段落を階層構造にして文章化していくソフトです。ワードや一太郎には、アウトラインプロセッサーの機能が含まれていますから、それを使うと、文章化するのがラクになります。

個人でKJ法を使う場合は、以上の作業を一人で行うことになります。

■KJ法によるアイデア生産

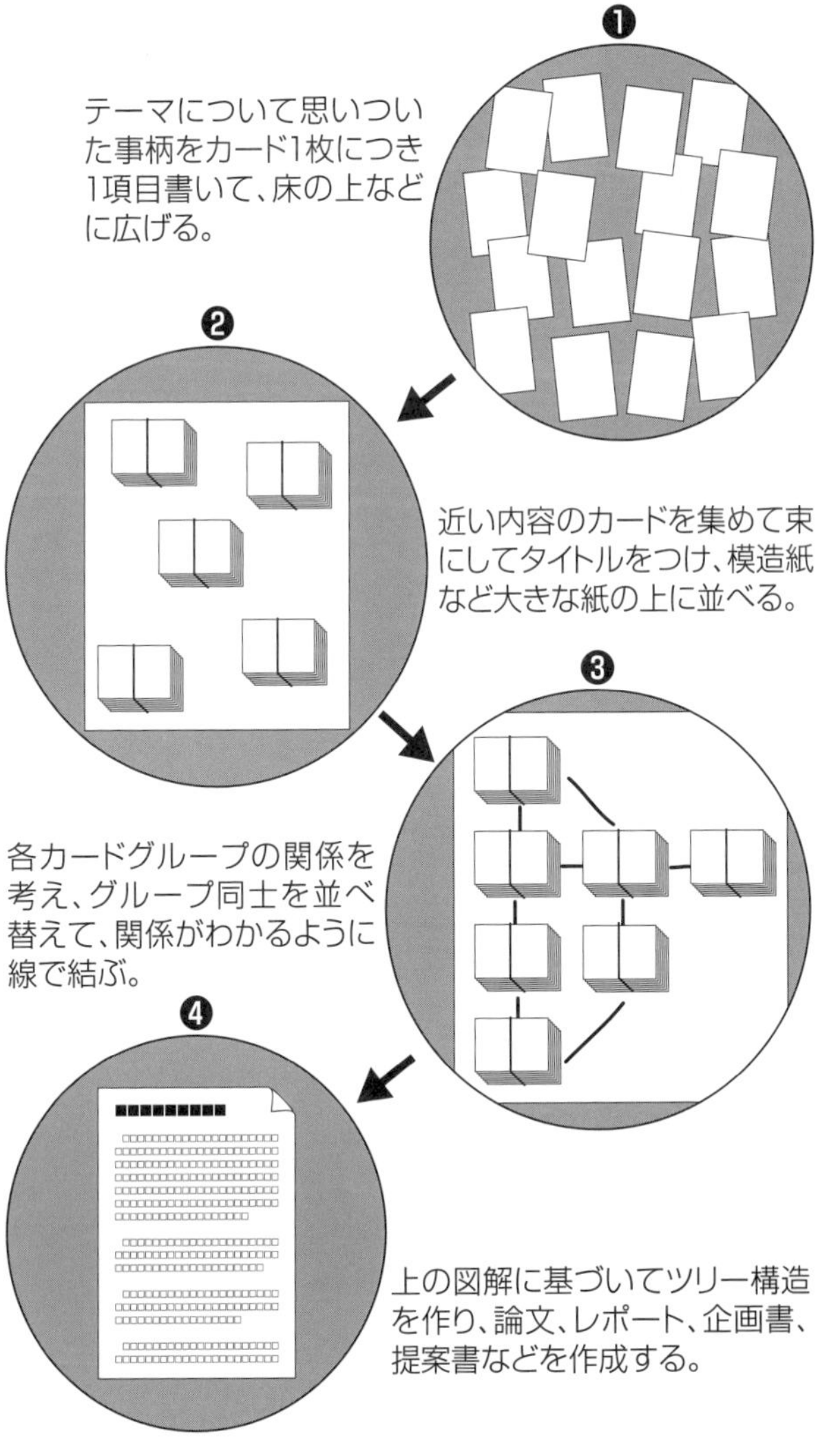
❶
テーマについて思いついた事柄をカード1枚につき1項目書いて、床の上などに広げる。
❷
近い内容のカードを集めて束にしてタイトルをつけ、模造紙など大きな紙の上に並べる。
❸
各カードグループの関係を考え、グループ同士を並べ替えて、関係がわかるように線で結ぶ。
❹
上の図解に基づいてツリー構造を作り、論文、レポート、企画書、提案書などを作成する。

03

問題社員の仕事への動機づけに

部下のやる気は上司のコミュニケーション能力次第

◆〝動機づけ〟下手では人材は戦力にならない

部長・課長といった管理職にとって、部下の管理・育成は、もっとも大切な仕事といってよいでしょう。部下を戦力化できれば、セクション全体の業績が上昇し、それによって自分の評価も高めることができるのです。

戦力化するには、部下の一人ひとりについてモチベーション、すわわち動機づけを適切に行うことが必要です。

動機づけとは、簡単にいうと、やる気を起こさせることです。やる気のない若手社員にいくら仕事のしかたを教えても、なかなか身につきません。仕事のノウハウを身につけているはずの中堅社員も、動機づけが不十分だと、ノウハウに見合った成果をあげられません。

では、部下にやる気を起こさせるにはどうしたらよいのでしょうか。

◆やる気を起こさせる三つの条件

部下にやる気を起こさせるには、次の三つの条件が必要です。

まず、仕事の意義や内容をしっかり理解させること。その仕事が会社の現状や将来に対してどのように影響するか、あるいはどんな社会的意義があるか、その仕事を達成するには、何をどうすべきかといったことを、納得できるように明快に説明します。

第2の条件は、その仕事をすることに喜びや達成感が感じられるようにすることです。このためには、仕事そのものに意義やおもしろさがあることが必要です。会社の利益向上に貢献できる、消費者に喜ばれる、新しい技術が開発できるといったことがわかると、仕事に取り組む意欲がわいてくるものです。

すべての部下にいつもそうした意義のある仕事を割り当てられるとはかぎりませんが、少なくとも何回かに1回ぐらいは、そうした仕事が経験できるように計らいましょう。

さらに、上司の賞賛、責任や権限をもたせること、昇進や昇格に結びつくことなども、やる気を起こさせるための重要な要素となります。

第3の条件は、適時に適切な支援的指導を行うことです。いくら意義のあるおもしろい仕事であっても、スムーズに達成できるとはかぎりません。部下の能力や経験、権限を超える問題の発生することがあるからです。

部下が困っているのに何も指導しなかったり、逆に、赤ん坊の面倒を見るように過度に干渉したりすると、彼らはやる気を失います。

◆動機づけに必要なスキル

以上のような動機づけは、部下との言葉のやり取り、すなわちコミュニケーションをとることによって行われます。ですから、動機づけに成功するかどうかは、上司のコミュニケーション能力にかかっているといっていいのです。

コミュニケーション能力は、聴き取り力・洞察力・理解力・説明力から成り立っています。望んでいること、困っていることを部下が正直に話せるようにし（聴き取り力）、性格や立場、感情などを的確に察知し（洞察力）、自分が語るべき内容について正しく理解し（理解力）、それを部下がまちがいなく把握できるように明快に説明する（説明力）――こうした力があれば、部下がやる気を起こせるような仕事を割り当て、やる気を刺激し、達成感を味わわせることができるのです。

■部下の動機づけに必要な４つのスキル

聴き取り力

部下の言葉や言葉以外の反応から何を言いたいのか正確に把握する力。先入観をもたず、相手の話に素直に耳を傾ける姿勢が必要。

洞察力

部下の性格や能力、経験、弱点、生活面で何か問題を抱えていないかといったことを見抜く力。仕事の分担などを決めるのに必要。

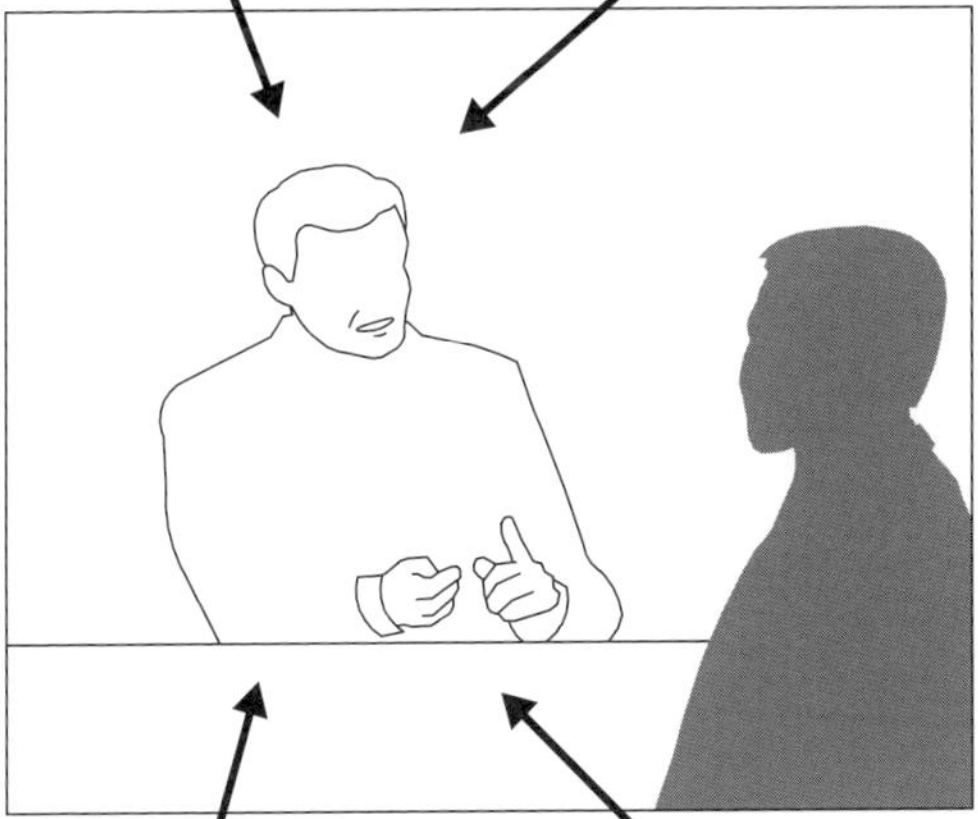

理解力

仕事の意義や内容、メリット、達成方法などを正しく理解する力。自分が理解していなければ、部下を納得させることはできない。

説明力

部下が正しく理解できるように、順序立てて明快に話す力。身振りなどのパフォーマンス力も含む。仕事の意義を理解させるのに必要。

04

個人データベース作りに活かす

集めた情報を整理し、エクセルを使ってデータベースを作る

◆データベースは仕事を円滑にし、生活を豊かにする

仕事でも私生活でも、情報量が豊富かどうかによって、得られる成果は大きく違ってきます。そこで、人は情報を集めるわけですが、集めただけの情報では、その場しのぎの一過性のものになってしまいます。

何度でも繰り返し、使いたいときにすぐに利用できるようにするためには、情報の整理が必要です。そのようにして、整理・蓄積された情報の集合を「データベース」といいます。

多くの企業は、業務の記録や取引先の情報などをデータベース化していますが、それとは別に自分専用のデータベースを作っておくと、仕事がしやすくなります。たとえば、自分独自の仕事のノウハウや企画のアイデア、取引相手の性格や人脈、連絡方法などを集積、整理しておくのです。

また、趣味や家庭生活に関わる情報をデータベース化しておくと、生活が豊かになります。習い事や読書の記録、料理のレシピ、旅行の記録などを整理・保存しておいたらどうでしょうか。

情報は、取引先の情報など自分で書くもの以外は、新聞や雑誌、書籍、インターネットから集めます。集めた情報を整理するときに役立つのが、40字要約で培った読解力や整理力です。

といっても、すべての情報を40字以内にまとめる、ということではありません。集めた情報には、多かれ少なかれ、不要な部分やダブリがあります。そうした部分を、40字要約の技法を使って刈り込んで、コンパクトにしておくということです。

◆パソコンを使ったデータベースソフトのすすめ

問題は、情報を何に整理・保存するかということです。バインダーやハンギングフォルダといった市販の小道具を使ったり、自分なりにファイルしやすい紙封筒を使うなど、いろいろありますが、ここはやはりパソコンを使いましょう。

紙によるデータベースは、情報を書き直したり、コピーしたりする作業が必要で、手間がかかります。そのうえ、検索しにくいし、保存のスペースも必要です。

その点、パソコンなら、整理・分類・保存がいっぺんにできます。必要な情報をあっという間に取り出せるし、保存のスペースもいりません。ノートパソコンを使えば、データベースをもって歩くこともできます。

代表的なデータベースソフトには、「アクセス」「ファイルメーカーｐｒｏ」「知子の情報」「ザ・

カード」などがあります。いずれも優れたソフトですが、使うには、最初にフォームを設定することが必要です。初心者には、これが多少ネックになるかもしれません。

そうした設定作業が不要な簡単データベースソフトに、「アイストックｐｒｏ（iStock Pro）」があります。ソフト販売サイト「Ｖｅｃｔｏｒ」（http://www.vector.co.jp/soft/win95/personal/se199209.html）からダウンロード購入することができます。

このソフトなら、データの種類を問わずに登録できるうえ、検索も簡単なので、初心者には適しているでしょう。

◆エクセル使った簡単データベースの作り方

パソコンにマイクロソフト社の「エクセル」が入っていれば、それで個人用データベースを作ることもできます。エクセルは表計算ソフトですが、計算だけでなく、データベース作成にも利用できるのです。

左図のように、1行に一つの情報を入れていきます。文字量が多いと、最初の部分以外は隠れてしまいますが、すべてが表示されるように設定することもできます。データの検索・並べ替え・抽出なども簡単にできます。大規模なデータベースでなければ、これを使うのがもっとも便利です。

■エクセルを使った簡単データベース

①最上段の行にテーマ、タイトル、内容、出典、検索キーなど必要な項目を設定する。
②最上段A,B,C……などの列名の境界でマウスの左ボタンを押したまま左右に動かして、各セルの幅を設定する。
③データを入力する。
④必要に応じてデータの並べ替えを行う。これを行うためには、「ふりがな」という項目を設けておくことが必要。
⑤特定の条件に合ったデータだけを抽出するには、「データ」メニューの「フィルタ」機能を使う。
⑥必要なデータをすばやく見つけ出すには、「編集」メニューの「検索」機能を使う。

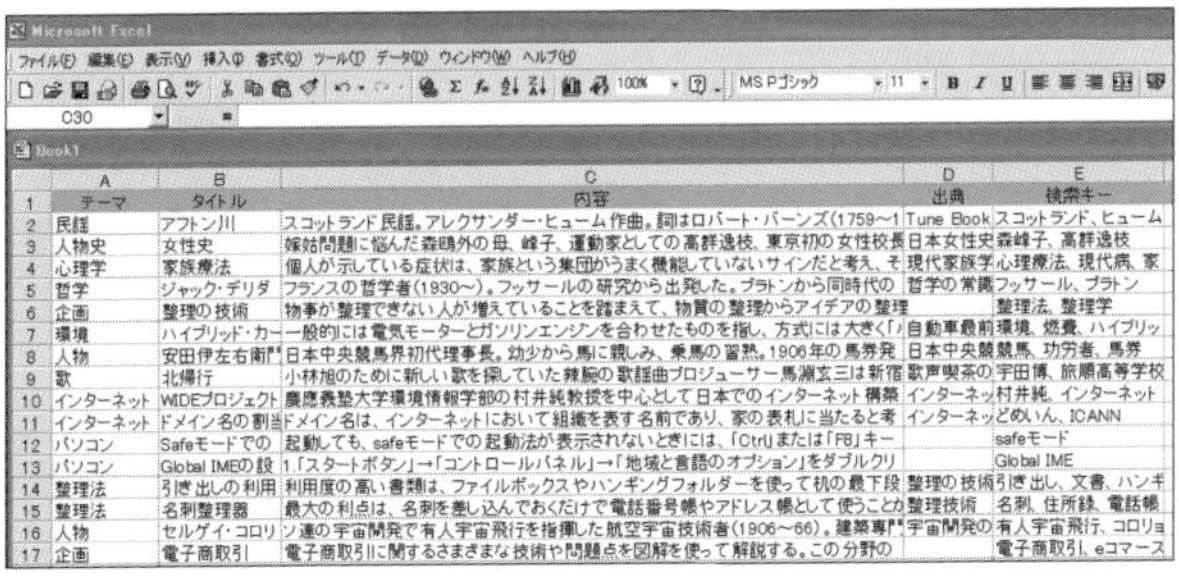

	A	B	C	D	E
1	テーマ	タイトル	内容	出典	検索キー
2	民謡	アフトン川	スコットランド民謡。アレクサンダー・ヒューム作曲。詞はロバート・バーンズ(1759〜1	Tune Book	スコットランド、ヒューム
3	人物史	女性史	嫁姑問題に悩んだ森鴎外の母、峰子、運動家としての高群逸枝、東京初の女性校長	日本女性史	森峰子、高群逸枝
4	心理学	家族療法	個人が示している症状は、家族という集団がうまく機能していないサインだと考え、そ	現代家族学	心理療法、現代病、家
5	哲学	ジャック・デリダ	フランスの哲学者(1930〜)。フッサールの研究から出発した。プラトンから同時代の	哲学の常識	フッサール、プラトン
6	企画	整理の技術	物事が整理できない人が増えていることを踏まえて、物質の整理からアイデアの整理		整理法、整理学
7	環境	ハイブリッド・カー	一般的には電気モーターとガソリンエンジンを合わせたものを指し、方式には大きく「ハ	自動車最前	環境、燃費、ハイブリッ
8	人物	安田伊左右衛門	日本中央競馬界初代理事長。幼少から馬に親しみ、乗馬の習熟。1906年の馬券発	日本中央競	競馬、功労者、馬券
9	歌	北帰行	小林旭のために新しい歌を探していた辣腕の歌謡曲プロジューサー馬淵玄三は新宿	歌声喫茶の	宇田博、旅順高等学校
10	インターネット	WIDEプロジェクト	慶應義塾大学環境情報学部の村井純教授を中心として日本でのインターネット構築	インターネッ	村井純、インターネット
11	インターネット	ドメイン名の割当	ドメイン名は、インターネットにおいて組織を表す名前であり、家の表札に当たると考	インターネッ	どめいん、ICANN
12	パソコン	Safeモードでの	起動しても、safeモードでの起動法が表示されないときには、「Ctrl」または「F8」キー		safeモード
13	パソコン	Global IMEの設	1.「スタートボタン」→「コントロールパネル」→「地域と言語のオプション」をダブルクリ		Global IME
14	整理法	引き出しの利用	利用度の高い書類は、ファイルボックスやハンギングフォルダーを使って机の最下段	整理の技術	引き出し、文書、ハンギ
15	整理法	名刺整理器	最大の利点は、名刺を差し込んでおくだけで電話番号帳やアドレス帳として使うことか	整理技術	名刺、住所録、電話帳
16	人物	セルゲイ・コロリ	ソ連の宇宙開発で有人宇宙飛行を指揮した航空宇宙技術者(1906〜66)。建築専門	宇宙開発の	有人宇宙飛行、コロリョ
17	企画	電子商取引	電子商取引に関するさまざまな技術や問題点を図解を使って解説する。この分野の		電子商取引、eコマース

全内容を表示するには、必要なセルを選択してから右クリックして「セルの初期設定」をクリック→「配置」タブの「文字の制御」で「折り返して全体を表示する」にチェック

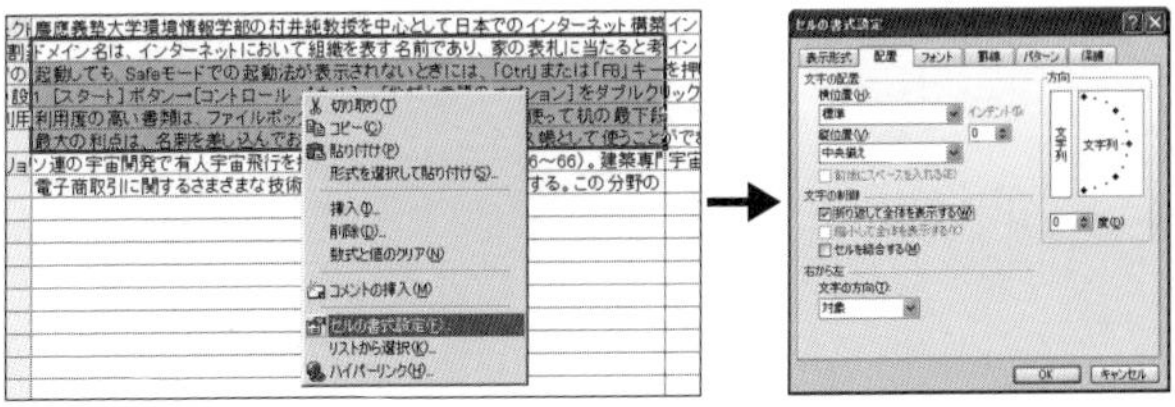

05

「読書記録」作りに活かす

人間的な厚みを増し、魅力的な人間になるには、読書がいちばん

◆読書は人間の幅を広げる

コミュニケーションには人間的魅力や信頼感が欠かせません。これは、そうした魅力を持つ人間に人は本心を話すものだからです。なぜなら、そうした人が話し相手だと、こちらが話したことをよく理解し、信用してもらえる、と感じるからです。

ですから、上司がリーダーシップを発揮するには、人間的魅力のある人物になること、いいかえれば人間として成長することが不可欠です。上司だけではありません。若手であっても、人間的な魅力や信頼感がある人物には、周囲からの支持が集まるので、仕事がスムーズに運び、職場でのポジションも自然に高くなっていきます。

人間的な幅や厚みを増す方法はいろいろありますが、その気になればだれでもできるのが「読書」です。多くの本を読むと、知識や情報が増えます。人は、多くの物事を知っている人物に敬意を払うものです。

それよりもっと重要なのは、ものを考えるようになるということです。本にもよりますが、なぜそうなったか、そうならないためにはどうしたらよいか、自分ならどうするか、といったことを考えさせられるので、思考力が自然についてくるのです。

◆どんな本を読むか

「本なら、仕事のしかたや技術を覚えるために、いっぱい読んでいる」という人がいます。ビジネスパーソンである以上、そうした本を読むことはもちろん必要です。

しかし、広く人生のあり方や社会のしくみを理解するのに役立つのは、次のような本です。

①ビジネスや経済のしくみが学べる本

いわゆるビジネス小説や経済小説といわれるもので、たとえば、幸田真音著『日本国債』やエリヤフ・ゴールドラット著『チェンジ・ザ・ルール』、城山三郎著『気張る男』などです。実際には経験できない経済界のさまざまな事例を知ることができます。

また、『坂の上の雲』など司馬遼太郎の小説からは、リーダーシップのあり方が学べます。

②そのときどきに評判になっている本

2004年であれば、『世界の中心で愛を叫ぶ』『負け犬の遠吠え』など。とくに重要な本でない場合もありますが、いちおう目を通しておけば、接待や商談の際に話材になります。

③自分の好きな本

人間的な幅を広げ、厚みを増すという点では、好きな本を読むのがいちばんかもしれません。小説やエッセイ、評論、趣味の本など、自分の好きな本、興味を引かれた本を、時間の許すかぎり、できるだけ多く読みましょう。

◆読書記録をつけよう

本を読んだら、その記録を残しましょう。簡単な記録でも、いつ、どんな本を読んだか書くことにより、本の内容の記憶が鮮明になります。また、何年か経って、その記録を読み直してみると、自分の精神的成長の軌跡をたどることができ、楽しくなります。

記録するのは、次の3点が普通です。

①書名・著者名・出版社名、読んだ日付
②内容のあらまし
③おもしろかった点や不満を感じた点など、自分の評価

②と③は、40字要約の要領で簡潔にまとめます。字数も、それぞれ40字前後でよいでしょう。

第2部 40字要約の実践

5章 報道文を効率的に読む方法

01

似て非なる新聞記事と雑誌記事の特徴をつかむ

重要内容が文頭に来る新聞記事、雑誌記事は文央に来る

◆文頭に重要内容が書かれる新聞記事

第2部では、メディア別の文章の読み方について記述し、さらに40字要約の実践練習をします。この章では、新聞と雑誌について見ていきます。まず、新聞文章の特徴から。

新聞の文章は、左図のように見出し（ヘッドライン）、脇見出し（サブヘッドライン）、書き出し（リード）、本文（ボディ）で構成されているのが基本型です。

大きな記事ほど本文の段数が多くなります。小さな記事では、1段で10数行しかない場合もありますが、基本的な構成は同じです。

本文は、初めほうに重要な内容が書かれており、だんだん補足的な事柄へと移っていくのが特徴です。これは新聞の性格上、新たなニュースが次々と発生することが考えられ、追加された記事により終わりのほうが消されても困らないようにしてあるのです。ですから、最初のほうを読めば、ニュースの概要はわかるようになっています。これを逆三角形の構造といいます。

■新聞記事の基本的構造

米国産牛肉

輸入一部再開の方針

政府

まず若牛の筋肉

米国での牛海綿状脳症（BSE）感染牛の確認により牛肉の輸入を禁止している問題で、政府は、段階的に輸入を再開していく方向で検討を始めた。第1段階は、若い肉牛の筋肉部分に限定される見通し。これまで米国には全頭検査を要望してきたが、原因物質の異常プリオンが蓄積されていないとみられる部位なら、検査がなくても「日本並みの安全性」が守れると判断した。今後、再開の条件を何カ月以下にするか、その月齢をどう証明するのかが焦点になる。28日から米国で開かれる日米専門家・実務担当者協議で、議論される。

（2面に関係記事）

28日からの専門家・実務担当者協議と、7月下旬の同協議を経て、8月上旬の日米局長級協議で調整。その後、日本側は食品安全委員会に諮問し、了承が得られれば日米両国で最終合意される。その後輸入再開までには、2〜3カ月かかるとみられ、実際に米国産牛肉が日本に入ってくるのは、早ければ年末になる見通し。

第1段階で、原因物質の異常プリオンが蓄積さ

れにくい若齢の肉牛の筋肉部分に限定、これまで輸入されていた年間約40万トンの半分近くを占める

キーワード

BSEの安全対策　原因物質である異常プリオンがたまる脳や脊髄（せきずい）などの特定危険部位を除去することと、感染牛の検査などが対策の柱。日本は01年、国内でのBSE発生時に、食肉処理する全頭を対象に、検査と

①メインの記事では、リードが3段〜5段抜きになっているのが普通。メイン記事以外では、リードは段抜きではなく、本文と同じ形で、その冒頭に入っている。

②大きなニュースの場合は、詳細説明や解説が別のページに掲載されていることがある。

もう一つの特徴は、一つの文が長いことです。文章読本のたぐいでは、よく短い文を書けと指導されていますが、新聞の文章は、複文や重文をふんだんに使った長い文から構成されているものが多いのです。複文・重文とは、英文で言えば、関係代名詞・関係副詞や接続詞を使った文だと思ってください。

これは、限られたスペースにできるだけ多くの情報を入れるため、やむをえず使われるようになった文章作法です。

長くても、筋道の通った文なら、読むのに苦労しませんが、下手な文だと、係り受けの関係がずれていたり、飛躍があったりして、一読しただけでは、意味がとれないことがあります。そういう文に出会ったら、読解の材料を得たと考え、適宜修正・補足してみましょう。

◆多くは起承転結型になっている雑誌記事

一方、雑誌の記事は、一般的な文章と同様、起承転結型ないし序論・本論・結論型という構成が大部分です。

これは、新聞と違って、掲載記事を急遽差し替えるといったケースがほとんどないこと、また、週刊・隔週刊・月刊といった刊行ペースから、速報性よりも詳報性や解説・提案といった内容が重視されることによります。じっくり読ませるには、逆三角形型より、起承転結型や序論・本論・結論型というスタイルのほうが適しているのです。
したがって、記事の重要な部分は、全体のほぼ中央、すなわち「転」や本論の部分にあります。概要だけをつかみたい場合は、その部分を中心に読むことが必要です。

◆バイアスがかかった新聞記事を修正しながら読む

新聞記事は、不偏不党で客観的でなければならない、とされています。経済記事や社会記事、家庭記事については、この原則がおおむね守られていますが、政治記事になると、新聞社によってスタンスがかなり異なっています。

読売新聞やサンケイ新聞が、政府の政策に支持的であるのに対して、朝日新聞・毎日新聞は、むしろ批判的な傾向があるといわれます。とくに社説などの論説文には、そうしたスタンスの違いがより鮮明に表れます。雑誌では、その傾向がさらに顕著になります。

そこで、新聞・雑誌を読むときは、新聞社や出版社によるスタンスの違いを頭の中で修正しながら読まないと、報道内容を読み誤まりかねません。記事の内容をウ飲みにしないことです。一方で、自分の意見や性向にあった新聞・雑誌しか読まないと、考え方が偏ってくる恐れがあります。時には自分の考えとは傾向の異なる記事も読んで、バランスのとれた意見をもつように努めましょう。

02

忙しさに応じた〝賢い〟新聞の読み方

時間のある・なしに応じて新聞の読み方を変えていく

◆新聞は忙しさに応じた読み方をする

朝日・毎日・読売・日本経済の4大紙の朝刊は、30～40ページの紙面構成となっていて、総文字数は約40万字に達します。これは３００ページの文庫本2冊分にも相当します。

新聞には、写真や大きな文字の見出しもあるので、実際の文字数はこれより少なくなりますが、それにしても膨大な文字数です。これが毎朝届くのですから、相当賢い読み方をしないと、消化しきれません。

それでは、賢い読み方とはいったいどんな方法でしょうか。ひとことで言えば、「忙しさに応じた読み方をする」ということです。新聞を読む時間がほとんどないときでも、全紙面の見出し・脇見出しにだけは目を通しましょう。1ページ10秒かかるとして、36ページ全部に目を通しても、6分で済みます。

もう少し時間があるときは、見出しのほかに大きな事件や興味のある記事のリードを読み、さら

■非常に忙しいときは記事の見出しだけを読む

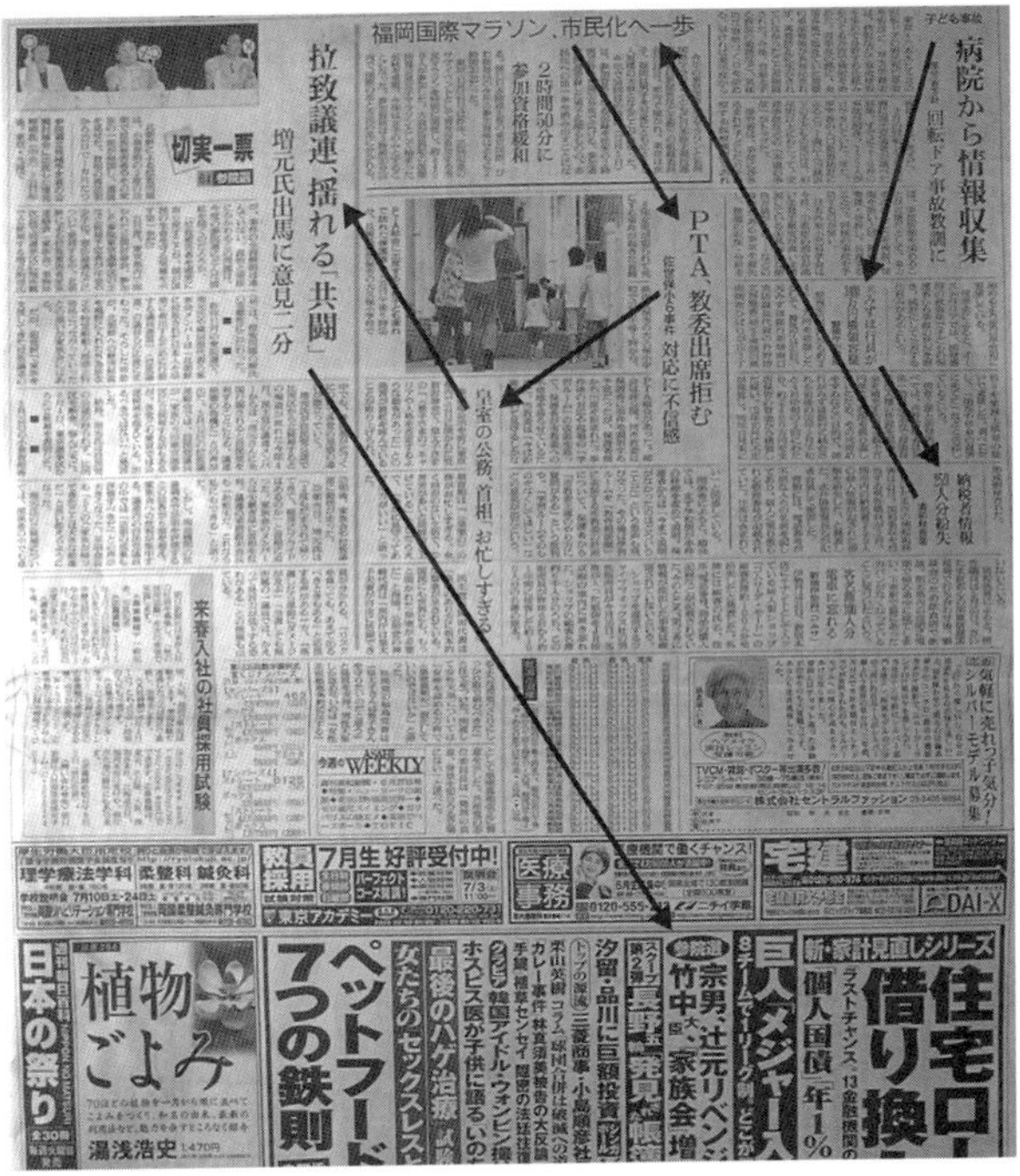

●非常に時間がないとき→全記事の見出しだけ読む
●少し時間があるとき→全記事の見出しを読んだあと、大きな事件または興味のある記事のリードと雑誌の広告を読む
●もう少し時間があるとき→大事件や興味のある記事の全部と雑誌の広告を読み、残りは、見出しとリードだけを読む。
●相当時間があるとき→興味を引かれた記事と広告を端から読んでいく

に時間があれば、同じ記事の末尾まで読みます。休日などで時間があるときは、できるだけ多くの記事を読むようにします。

◆時間がないときは紙面全体にざっと目を通す

時間がない場合は、全体の見出しやリードを読むより、仕事に必要なページ、たとえば経済面だけを読んだほうが合理的ではないかと考える人がいるかもしれません。たしかに経済面は、ビジネスパーソンにとって重要な情報源です。

でも、時間がないからといって、経済面だけでほかの紙面にまったく目を通さないというのはどうでしょう。大事な情報を逃す危険はかなり高いはずです。この点を、新商品の開発を例にとって考えてみましょう。

経済面には、毎日のように新商品の紹介が載っています。しかし、それらは「ほかの人ないし会社がすでに開発してしまった商品」です。ライバル社がどんな商品を開発したかを知ることはできても、これからの新商品開発には役立ちません。

それより、たとえば主婦が日常どんなことに困っているかを家庭欄で、女子高校生たちの間で何が流行っているかを社会面で、ある地域でどんな問題が起こっているかを地域面で、アメリカのビジネスパーソンの間で何が話題になっているかを国際短信欄で知ったほうが、新商品開発のヒントが得られるはずです。

同じ意味で、雑誌の広告にはトレンディな情報が載っているので、ぜひ目を通したいものです。よほど時間がない場合は別として、特定の紙面だけを読むより、全紙面にざっと目を通して、社会全体の動きをつかんでおくほうが、あなたの力量を高めるのには役立つはずです。

◆**時間があれば熟読よりも併読する**

ここまでは、時間がない場合の読み方について見てきましたが、情報収集の時間がかなりとれる場合は、どういう読み方をしたらよいのでしょうか。

そうした場合は、一つの全国紙をじっくり読むより、複数の新聞、それも種類の異なる新聞を読み比べるほうが効果的です。

たとえば、経済界の詳しい情報や企業動向を知るには、日経産業新聞、日経流通新聞、日経金融新聞、日刊工業新聞などが向いています。さらに、金属工業、建築業、アパレル産業など特定の業界について新しい動きを知るには、業界紙が向いています。

観光開発や支店の展開、工場建設といった仕事に役立つ情報は、地方紙から得られます。全国紙とこうした専門紙や地方紙を併読することによって、情報量を大きく伸ばすことができます。

03

要約練習①——経済記事

ここからは40字要約の実践練習を行います。問題文を読んだあと、実際に自分で答えを書き、あとの解答例と比較して、何が不足、あるいは余分かを考えてみましょう。

次の新聞記事を読んで、40字で要約しなさい。

国際業務を営む銀行の自己資本比率を規制する国際ルール（BIS規制）の改定が26日にも決まる。新ルールは06年末から適用される。銀行が不良債権を処理するほど自己資本比率の上昇に寄与する仕組みを取り入れたのが特徴（図省略）。邦銀は新ルール下で、不良債権問題からの脱却と、国際競争力の増強の両面を問われることになる。

自己資本比率は、一般的に企業の総資産に対する自己資本（資本金、剰余金など）の割合で、経営の健全性をはかる重要な指標。比率が高いほど健全性が高い。銀行の場合、貸し出しや有価証券などの資産を回収可能性に応じて調整し、「リスク資産」を算出する。

国際業務を手がける銀行の経営危機を防ぐため、88年、8％以上の自己資本比率を求める国際ルールが決まった。当時、邦銀はバブルの追い風に乗って資産を急速に膨らませており、「日本封じ」との反発の声も上がった。今回の見直しは導入から15年以上過ぎ、多様化した銀行のリスク管理手法に、現行ルールが合わなくなってきたためだ。現行ルールの導入以来、大幅に見直すのは初。

現行ルールでは、トヨタ自動車のような優良企業に貸しても、財務力の劣る企業に貸しても、リスク資産は同じだけ膨らみ、自己資本比率に差は出ない。デリバティブ（金融派生商品）などの手法を使って貸し倒れリスクを海外の銀行に移転するだけで、自己資本比率が高められる「ゆがみ」も指摘されている。

新ルールは自己資本比率の下限を「8％」のままとした。ただ、比率算出の分母となるリスク資産の算出方法を大幅に見直した。各銀行が、財務力などで分類して融資先につけている格付け（内部格付け）を利用し、融資先の倒産確率に応じてリスク資産を算出することが可能になった。

リスク管理が高度化されるほど、リスク資産が圧縮され、自己資本比率が上昇するので、リスク管理の巧拙によって銀行間の格差が広がる。不良債権処理の進み具合も大きく影響する。

無担保融資が不良債権化した場合、新ルール下では引当金を積めば積むほど、自己資本比率は累進的に上昇する。このため、金融機関にとってはいざというときのために引当金を手厚く積もうという意欲が高まると期待されている。

また、中小企業、個人向け融資が増えればリスク資産が圧縮され、自己資本比率が上昇する。同じ100億円を大企業1社に融資するのと、1億円ずつ中小企業100社に融資するのとでは、貸し倒れリスクが分散される中小企業向けのほうが安全、という理由から、リスク資産を計算する際の掛け目（リスクウエート）を小さくすることにした。

新ルールではシステム障害や行員の不正によって損失が発生する「オペレーショナル・リスク」も金額として算出され、リスク資産に加えられる。金融庁は「邦銀の自己資本比率にすぐに大きな変動はない」とみる。ただ、不良債権処理が遅れている銀行がシステム障害などを起こせば、自己資本の大幅な積み増しを迫られることもありうる。

（『朝日新聞』2004・06・26）

【解説】

記事は、国際業務を行う銀行の経営危機を防止するため、国際決済銀行（ＢＩＳ）が定めた自己資本比率についてのルールが改定されることを報じたものです。国際決済銀行は、各国中央銀行による銀行監督の国際協力推進をおもな目的として設立された国際機関で、スイスのバーゼルにあります。

記事の要点は、次の四つです。

①自己資本比率についてのＢＩＳ規制が改定され、06年末から適用される

②多様化した銀行のリスク管理手法に現行ルールが合わなくなってきたのが改定の理由

③リスク資産の圧縮と不良債権の処理が進むほど、自己資本比率が高まる仕組みが採用された

④リスクが分散される中小企業向け融資については、リスクウエートを小さくすることになった

このうちもっとも重要なポイントは③なので、この内容を中心にまとめるのがポイントです。

なお、右の問題文では省略しましたが、実際の記事には「新ＢＩＳ規制、06年末から　不良債権処理重要に」という見出しと、「リスク管理巧拙で格差」という脇見出しがついています。これらの見出しと、リード（問題文では最初の４行）を読むと、どの部分が重要かよくわかるはずです。

その点、新聞記事の要約は、書籍などに比べてやりやすいといえます。

〈要約のポイント〉

新聞記事は、見出しやリードに内容が凝縮されているので、それを参考にする。

記入欄

解答例

BIS新ルールでは不良債権処理が進むほど自己資本比率が上がる仕組みが採用された。

04

要約練習②――雑誌の記事

次の雑誌記事を読んで、40字で要約しなさい。

小は家庭での小遣い交渉から、大は国家間の外交交渉まで、すべての交渉ごとは情報戦争です。正確で豊富な情報をもっている者が圧倒的に有利になります。まずは、交渉に必要な情報を集めておきましょう。収集しておくべき情報は、概ね次の三点です。

・自分側についての情報……売上高や粗利益率の推移、原価、顧客数の推移など

・相手側についての情報……納入先の数、生産原価、粗利益率などをわかる範囲で

・業界の状況や今後の予測……平均的な仕入価格、飲食業界の景気予想など

情報を集めたら、次に交渉の目標ラインを設定します。たとえば、従来より仕入価格が3%下がれば利益率が確保できるという状況なら、これを目標ラインとします。ただし、相手との交渉時にこの数字をそのまま提示したのでは、3%確保はむずかしくなります。3%ダウンなら、それに若干上乗せして4%ダウンを提示価格とします。

また、交渉ごとでは、対案や代替案を用意しておくことも鉄則になります。それがないと、交渉が難航した場合、立場が弱くなり、譲歩を余儀なくされることがあります。

仮に、交渉の過程で目標の3%ダウンが2%で決着しそうな気配になってきたとしましょう。その場合は、「2%ダウンでけっこうだが、その代わり、従来品に加えて、コレコレの品物をこの値段で納入してほしい」

というふうに条件をつけます。

取引交渉では、相手が納入価格ダウンを飲むどころか、経営が苦しいからと、逆に値上げを要求してくることも考えられます。そういう状況では最悪の場合、交渉決裂、取引停止ということもありえます。そうなってからあわてないように、あらかじめ新しい仕入れ先を想定しておくことも必要です。

以上のような条件や対策は、交渉の過程を予測して、状況に合わせていくつか用意しておきます。そして、こうした準備ができたら、実際に交渉するための段取りとなります。

たいていの交渉は、一方が提案し、他方がそれに対する別の案＝対案を出すという形で進んでいくのが普通です。そこで、どちらが最初に提案するかが問題になります。それによって成果が大きく違ってくるからです。

一般的にいうと、企画、依頼、説得など、主導権をもって交渉しなければならない内容の場合は、自分が先に提案します。そうしなければ、交渉が始まりません。

いっぽう、売買取引、商談、利害調整などの場合は、相手に先に提案させたほうがトクです。相手の提案を先に聞くことによって、相手の条件や状況が察知できるからです。

たとえば、この交渉では、「コレコレの状況で、従来の仕入価格ではどうしてもやっていけないので値引きしてもらいたいが、どうでしょう」と切り出します。相手が、こちらの目標値である3％ダウンを提示してくれれば、1回で決着します。また、4％ダウンを提示してくれれば、交渉は大成功ということになります。

逆に、1％ダウンしか飲めないと提示してきたら、こちらは「4％ダウンでないとやっていけない、場合によっては仕入れ先を変えることも考える」と提示します。こうしたやりとりを何回かしながら、目標の3％ダウンで折り合うようにもっていくのです。

交渉中は、こちらの提案に対して、相手が拒否したり、非難したりすることもありますが、感情的にならず、あくまでも冷静に対応するようにしましょう。


（二木紘三『戦略経営者』2004年4月号）

【解説】

商取引などの価格交渉で成果を上げるにはどうしたらよいかについて述べた文章です。著者は、成功するためには、次の4条件が必要と説いています。

①交渉に必要な情報を自分側と相手側について調べること

②コレコレの成果が得られたら成功という目標ラインを定めること

③交渉が難航した場合に備えて代案を用意しておくこと

④相手に先に提案させて、相手の状況を察知すること

以上のほか、相手との駆け引きのしかたや、相手の言動に対して感情的にならず、冷静に対応することなどについても触れていますが、重要なのは右の4点です。ですから、要約にはこの4点を入れることが必要です。40字以内に4点も入れるのはなかなか大変ですが、表現を工夫すれば、何とか入れられるはずです。

要約する場合は、いきなり書き始めるのでなく、このようにポイントを箇条書きで書き出し、それぞれの重要度を考えて絞り込んでから書くと、まとめるのがラクになります。

〈要約のポイント〉

文章のポイントを箇条書きで書き出し、重要度を考えて整理するとまとめやすい。

記入欄

解答例

価格交渉では、情報を集め、目標ラインを定め、代案を用意し、相手に先に提案させる。

05

要約練習③──雑誌コラム

次のコラムを読んで、40字以内で要約しなさい。

何年か前から、新聞や雑誌で「ビットバレー（Bit Valley）」という言葉をよく目にするようになった。これは、インターネットやパソコンなど、IT（情報技術）関係のベンチャー企業が多く集まっている東京の渋谷一帯を表わした言葉である。最近では、IT業界だけでなく、金融・証券業界からも注目を集めるようになっている。

渋谷周辺に集まっている若手ベンチャー起業家たちが、「渋谷をシリコンバレーに」を合い言葉に、渋谷の渋をbitterに読み替え、さらに情報伝達の最小単位であるbitも加味して作られたネーミングだという。

渋谷といっても、渋谷だけでなく、原宿・青山・富ヶ谷・神泉・恵比寿などまで含めた、かなり広い地域を指す。

実際、このあたりには、中・小のデジタルベンチャー企業が非常に多く集まっている。いずれも、経営者や社員が20～30代と非常に若く、学生時代のサークル活動の乗りで業務を展開しているのが特徴だ。ITバブル期には、株公開によって、何人もの億万長者が誕生したことで話題になった。

発祥は、1999年の春。ネットイヤーの小池聡会長、ネットエイジの西川潔社長など、渋谷近辺に事務所を構えたベンチャー企業の代表者たちが集まり、デジタルベンチャー企業としての意気込みを歌い上げた「Bitter Valley宣言」というマニフェストを発表した。

また、メンバーは「ビットスタイル」と銘打った会合を定期的に開くようになった。最初は小規模な会合だったのが、年々盛会になり、最近では日銀総裁や大企業の会長・社長、東京都知事までが参加するほどになっている。

ただ、技術ベンチャーが中心になっているシリコンバレーと違って、ビットバレーに集うデジタルベンチャーの場合は、アメリカで成功しているサービスをいち早く日本に輸入するというスタイルが多い。

今後、高い技術開発力をもつ企業が集まるかどうかが、ビットバレーがシリコンバレーのように繁栄するかどうかの分かれ目となろう。


【解説】


コラムとは、新聞や雑誌の一隅に枠で囲まれて掲載されている小規模な記事のことです。400〜800字程度で書かれるのが普通ですが、ときには2〜3ページに及ぶものもコラムと呼ばれることがあります。長いコラムの場合は、枠で囲まれておらず、一般の記事との違いはあまりはっきりしていません。

テーマはさまざまで、政治の世界や一般社会、あるいは外国で起こった事件を寸評するもの、注目すべき書籍を紹介するもの、筆者の身辺雑記、詩歌に関する記事などがあります。

問題文は、東京の渋谷周辺に集まってるITベンチャー企業の状況を紹介したものです。まずビットバレーという言葉の意味について説明し、それがどういういきさつで発祥し、現在はどんな状況になっているかが語られ、最後にビットバレーが繁栄するためにはどんな条件が必要かが示されています。

ビットバレーという言葉の意味の説明はおもしろいけれども、本筋には直接関係ないので、要約では触れる必要はありません。

〈要約のポイント〉

おもしろい事柄でも、本筋に直接関係なければ要約では触れない。

記入欄

解答例

ITベンチャー企業の集うビットバレーが繁栄するための決め手は高度の技術力である。

「40字要約」の効果❶――人前で堂々と話せるようになる!

私は幼い頃から「赤面症」でした。人前で話そうとすると顔が真っ赤になり、逆に頭の中は真っ白になったものです。赤面症克服のために、いろいろなことを試みました。集中力を養うために座禅を組んだり、度胸をつけるという目的で混んだ電車の中で春歌を歌ったり…。でもダメでした。

もちろん、自分なりに何度も何度も分析してみました。なぜ上がるのか? なぜ頭の中が真っ白になるのか? 話そうとしたことをなぜ忘れてしまうのか?

そうして得た結論は、訓練が足りないから忘れてしまうのだ。もっともっと練習して覚え込んでしまえば話せるようになるはず。だから話す機会があるときは、何回も何回も必死に練習して丸暗記しました。でも、ダメ。人前に立つと、頭が真っ白になり話すことを忘れてしまう。まだ覚え方が足りない! もっと練習をする。それでもダメ! この繰り返しで半ば諦めかけたとき、40字要約に出会ったのです。

そのとき、瞬間的にひらめいた!

「そうだ! 人は話しをする前、0コンマ何秒か前に頭の中で、話す内容をまとめている。だったら、まとめをする訓練をしたら話せるようになるのでは…」

それまでは、どうしたら上がらないで話せるか、話す内容を覚えていられるか、という「話し方」の訓練ばかりで、肝心な「何を話すか」が自分でよくわかっていなかったのです。話のテーマはあったものの、人に伝えたい要点は何なのかが、つかみ切れていなかったのです。たしかに、人は話したいことがたくさんあるだけに、何を伝えたいのか自分自身でもよくわからないところがあるものです。

「まとめる訓練、すなわち要約する練習」は、今まで一度も気づきませんでした。

いまから思えば「どう話すか」よりも「何を伝えるか」に目を向けたのは正解だったし、それを40字に要約するというのも大正解でした。字数が限られているだけに要点を絞らなければならないからです。

では、どうやって「要約する練習」をするか。毎日練習するために、新聞から材料を拾うことにしました。その頃、朝日新聞を取っていたこともあり、1面下にある「天声人語」をまとめることにしました。それを毎朝切り取ってノートの一番上に貼り、昼休みを利用して40字に要約するのです。一つのコラムをパターンを変えて4回は練習しました。

3か月経過したとき、なんだか頭の中がスッキリと整理されたような気がしました。6か月ほど経ったとき、社外での会合に出席した折り、事例を発表する人が急に欠席され、急遽、私が代役することになったのです。20分間話してくれということでした。「えーい、ままになれ！　話せなければ20分間立っていればいい」との思いで話し始めたら、話す内容が堰を切ったように頭の中に湧いて出て、無事話し終えることができたのです。後で他の人に聞くと「素晴らしかった」と評価してくれました。これでいっぺんに自信がついたのです。

人前で話すのが苦手、という人は多いものです。「どうしたら上手に話せるか」という類の本が書店には並んでいます。でも、もっとも肝心なことは「何を話すか」なのです。このコアの部分をきちっと押さえられたら、自信を持って人前で話せるようになります。

第2部　40字要約の実践

6章 書籍から必要な情報を素速くつかむ

01

必要な情報に素速くアクセスする本の読み方

まず広告文や前書きなどで求める情報がその本にあるか見当をつける

◆同じ本でも精読するときと速読するときがある⁉

本には、精読する本と速読する本とがあります。

といっても、この本は精読すべき本、これは速読で十分な本といった区分が、本自体にあるわけではありません。同じ本が、読む人あるいは状況によって、精読する本になったり、速読する本になったりするのです。

たとえば、ある小説について、Aさんは楽しみたいために、最初から最後までじっくり読みますが、Bさんはレポートに引用する部分を探したいだけなので、斜め読みします。また、同じ社会科学書を、教養を身につけたいCさんは全体をじっくり読みますが、自分の講演で使える箇所を探したいDさんは、その部分が見つかるまでざっと目を通すだけです。

このように精読するか速読するかは、本を読む目的によって違ってくるわけです。勉強や教養、娯楽のために読む場合は、精読するのが普通なのに対して、仕事に使う目的で読む本は、ほとんどの場合、速読する本になります。

◆時間を節約するため、まず概要をつかむ

あなたが企画書や稟議書、報告書などを作ろうとするとき、あるいは技術系社員が新技術や新素材を開発しようとするとき、多くの書籍や文献に目を通すことでしょう。

長くても数ページから10数ページ程度の雑誌ならいざ知らず、書籍のページ数は膨大です。それを何冊も読まなければならない場合は、よほど上手に読まないと、必要な情報を得るのに、やたら時間がかかってしまいます。下手をすると、企画などの締め切りに遅れてしまう恐れも出てきます。

そこで、読む前に、まず求める情報がその本にあるかどうか見当をつけましょう。せっかく読んだのに求める情報がなかった、といった失敗が少なくなります。

では、その見当をどうつけたらいいのでしょうか。

まず、新聞や雑誌に載った広告文や紹介文、書評などを読んで、何について書かれた本か推測します。もちろんタイトルも目安にはなりますが、内容とかなり違う本もあるので、それだけで判断してはいけません。

さらに書店に行って本を手に取り、帯に書かれたキャッチコピーや前書きを読みましょう。これらの文章には、その本の概要、すなわち執筆の目的や方針、もっとも売りとする部分、全体の構成などがコンパクトに示されています。

学術論文や長文のレポートでは、内容の要約が「著者抄録」といったタイトルがついて冒頭に置かれていることがあります。それを読むと、概要がすぐにつかめます。

◆目次で情報のありかを探す

以上の方法で求める情報がありそうな本を見つけたら、実際に情報を探してみましょう。その際、もっとも有効な手がかりとなるのは目次です。よくできた目次なら、それを見るだけで、求める情報のありかをつかむことができます。

目次は、本文の章や節、項目のタイトルをまとめたものです。したがって、目次を見れば内容もだいたいわかるはずですが、時に読者の興味を引くために一部だけを強調して見出しにしているものもあります。こうなると、目次だけでは見当がつけにくくなります。

そういった本の場合は、索引も参考にしましょう。求める情報に関連する言葉のあるページを開いて、一つずつ確認していきます。

索引がついていない場合は、斜め読みするしかありません。ざっと目を走らせているうちに、それらしい言葉が頻出し始めたら、そこに必要な情報がある可能性が高くなります。

■本から必要な情報を探す方法

まずその本の概要をつかむ

広告文・書評・帯紙文を読む

新聞・雑誌に載った広告文や書評、本に巻かれている帯紙のキャッチコピーから、おおよその内容が推測できる。

前書きを読む

前書きには、執筆の趣旨や著者の考え方、本文の構成などが書かれている。

抄録・要約を読む

学術論文や各種レポートでは、内容をまとめた短文が冒頭に置かれているのが普通。章ごとに要約が示されている場合もある。

↓

求める情報がどこにあるかをつかむ

目次で探す

目次を読んで、求める情報がどの部分にあるか見当をつける。

索引で探す

求める情報に関連する言葉のあるページを開いて、確かめる。

斜め読みする

1ページあたり数秒のスピードで目を走らせ、求める情報に関わる言葉（キーワード）が頻出する箇所を探す。

↓

求める情報のある箇所をじっくり読む

02

本の入手法は目的に応じて使い分ける

新古書店から電子書店まで、特性に応じた使い分けをする

◆書店で買うだけの入手法はもう古い！

本から情報を得るためには、まず本をどこから入手するか考える必要があります。一昔前までは、新刊本は新刊書店で、古い本は古書店で購入し、無料で読みたい場合は図書館を利用する、という三つの選択肢しかありませんでした。

ところが、現在では、本の入手法は非常に多様化しています。これは、本の製作方法や流通形態が多様化してきたからです。

まず、新古書店というニューウェイブの古書店がチェーン店方式で展開されるようになりました。さらに、ネット書店あるいはオンライン書店というような、Ｗｅｂ上の店舗から本を購入するサービスも受けられるようになりました。これらの書店で扱うのは、いずれも実際の書籍、すなわち「紙に印刷され、製本された本」です。

さらに最近は、ＩＴ技術の進歩に伴って、紙に印刷しないで、電子的に記録された内容だけを売

るサービス、いわゆる電子書店が現れました。

以上の出版・流通形態には、それぞれ一長一短があります。書籍から必要な情報を得ようとするなら、それぞれの特徴を十分理解し、目的に応じて使い分けることが必要です。

◆新刊はもちろん古書も同時に買えるネット書店

仕事に利用する情報は、新しいことが肝心です。企画も稟議も、最新の情報にもとづいたものでなければ、なかなか採用されません。本に最新の情報を求めるなら、新刊書店へ行きましょう。事前に広告などで見当をつけてから、書店で内容を確認して買うこともできるし、並べてある周囲を見渡せば類似の本を見つけることもできます。

ただ、新刊書店には大きな問題が一つあります。それは、本の入れ替わりが速く、ちょっと前に出版されたばかりの本なのに、意外と手に入りにくいことがある、ということです。

わが国で出版される本は、年間約7万5000点、1日当たり200点以上にのぼります。書店は、これだけの本を展示できないので、売れ筋の本を除いて、次々と返本してしまいます。展示スペースの少ない中小書店では、取次店から届いた段ボールを開封しないまま返してしまうことも珍しくないといいます。

その点で注目されるのは、ネット書店です。ネット書店では、展示スペースが必要ありません。

注文を受けた本は、自社の倉庫から直接買い手に送付します。取次店の倉庫から送る場合もあります。新刊はもちろん、在庫があるかぎり、何年も前に出版された本でも買えます。

ネット書店の大手、Ａｍａｚｏｎでは、全国古書店の多くも出品しているので、新刊本と古書を同時に検索して、必要な本を注文することができます。

欠点は、本の内容を確認してから買うのがむずかしいということです。しかし、たいていのネット書店は、本ごとにレビューか内容一覧をつけているので、それを目安に選んでいきます。

◆ネックは携帯用リーダーの不在――電子本

最近注目されているのが電子本です。まだ一部のユーザーが利用しているだけですが、将来は、出版の世界で大きなウェイトを占めるようになるだろうと目されています。出版社の多くも、現在の出版不況を打開する手段として注目しており、自社の出版物を電子本として販売するようになりました。

電子本は、製作・在庫管理・流通の経費が格段に安いため、紙の本の半分以下の値段で売ることができます。ただ、携帯用の使いやすいリーダーがまだ普及していないため、多くのユーザーはパソコン画面で読んでいます。この点が改善されれば、出版・読書の世界に大きな波を巻き起こすことになりそうです。

■本の入手場所と方法

新刊書店

○内容を確認してから買うことができる。
○話題の本がすぐ読める。
×話題の本や売れている本以外は手に入りにくい。
×地方では、書店が少なかったり、零細書店がほとんどで、利用しにくい。

古書店

○新刊書店には置いてない本が手に入る。
○稀覯書(非常に珍しい本)や豪華本が買える。
○値段が安い。
×所在が偏っており、地方ではほとんどない場所がある。

新古書店

○比較的新しい本が格安で買える。
○値段が安い。
×見た目がきれいかどうかだけで商品を仕入れているので、買える本の種類が限られる。

×書店の数が少ない。

図書館

○古い本や特殊な内容の本でも読むことができる。
○内容を確認してから選ぶことができる。
×話題の本をタイムリーに読むのはむずかしい。
×人が触った本はいやだという人には向かない。

ネット書店

○自宅や会社から注文できる。
○書店までの交通費が不要。
○新刊書店にない本でも買える。
×内容を確認してから買うのがむずかしい。
×届くまで数日かかる。

電子書店

○オンラインで買え、すぐに手に入る。
○値段が安い。
×本の種類がまだ少ない
×リーダーがまだ十分使いやすくなっていない。
×ディスプレイで読むのが苦手な人には向かない。

03

要約練習④——専門的な文章

知覚に関する次の文章を読んで、40字で要約しなさい。

明るさの知覚

目に閾値《いきち》以上の光が与えられても、視野が一様で等質なときには、一様なひろがり以上の「もの」を見ることはできない。このような視野を、全体野（ganzfeld）という。知覚成立のためには、視野が非等質で、明るさの異なる領域の存在が必要条件である。われわれの受容器は、たとえ明るさの差がわずかでも、それを巧みに検出してパターンを成立させる仕組みをもっている。

明るさが段階的に変化している段階波パターンでは、各段階の明るさは一様であるにもかかわらず、それぞれの境界部位で明るい側はより明るく、暗い側はより暗く強調されて見える。

これは「マッハ現象」と呼ばれ、網膜の受容細胞が光の強度に応じた電位変化を神経節細胞に送り、インパルスを発射させる際に、隣接の神経節細胞に対しては抑制的に作用する（側抑制）ために、見える明るさが変化する。この機能はラトリフ（Ratliff, F.）らによりカブトガニの神経網で確認され、明るさの差を局所的に増幅して境界の検出を促進させるメカニズムのあることが示された（図—省略）。

テレビ画面は電源を切った状態ではニュートラルな灰色だが、画像を映すと、ある領域では画面そのものの灰色よりはるかに暗い黒に見える。

しかし、画面を照射する電子ビームは光を放射するだけで吸収はできない。これは同時コントラスト機構のなせるわざであり、黒く見える領域の周囲にあるより明るい領域の抑制作用に起因する。多くの知覚現象は、こうした入力情報の相互作用によって説明される。

（『現代心理学入門』浅井邦二他著―実務教育出版）

【解説】

何かの企画を立てるときや、新技術・新素材などの開発に携わるときには、多かれ少なかれ専門的な文章を読んで、参考にすることになります。

専門的な文章とは、各分野の専門的な内容について書かれた文章のことです。専門的な内容は、それぞれの分野の専門家しか書けないので、当然、専門家が書いた文章という意味も含まれます。

専門家が自分の専門分野について書いた文章には、2種類あります。一つは、専門分野の内容を一般の人が理解できるようにやさしく解説した啓蒙書ないし教養書。もう一つは、同じ分野の専門家を対象として最先端の情報を紹介する本来の意味での専門書です。専門家が自分の研究内容について発表する学術論文は、もちろん専門書に含まれます。

この二つがどう違うかというと、一般向けの啓蒙書では、高度の技術的内容は省かれ、話としておもしろそうな部分が主に取り上げられます。たとえば、その現象や技術が人びとの生活にどう影響するかといった観点から語られたりします。むずかしい専門用語はあまり使わないように配慮されますが、どうしても必要なものについては、説明がつけられます。

一方、本来の意味の専門書では、おもしろく読ませようとする工夫はあまり見られません。高度の専門的内容がそのまま語られ、それを理解するかどうかは、読み手側の責任といった感じの書き方がほとんどです。

専門用語にしても、一般向け啓蒙書のように、いちいち説明したりはしません。説明が添えられるのは、新しく現れた概念に関わる用語ぐらいです。

この項で掲げた問題文は、大学教養課程の心理学の教科書から採ったものです。したがって、一般向けの啓蒙書や教養書に属する文章ですが、ざっと読んだところでは、けっこうむずかしそうな感じがします。しかし、説明されているのは、簡単な内容です。

最初の行にある「閾値」は、生理学・心理学の用語で、刺激の強さを連続的に変化させたとき、生体に反応をひき起こすか起こさないかの限界の数値を意味します。

内容を整理すると、次のようになります。
・視覚が反応できるだけの光があっても、明暗に差がなければ、知覚できない。わずかでも明るさに差があれば、モノとして見ることができる。
・網膜の受容細胞から明るさの情報を受けた神経節細胞は、その差を実際より強調してインパルスを発射し、大脳に情報を送るため、明るさの差がわずかでも認識できるようになる。

〈要約のポイント〉

専門分野についての文章は、専門用語を理解してから要点を書き出していく。

記入欄

解答例

網膜の受容細胞は、明るさを局所的に抑制または増幅してモノが見えるようにしている。

04 要約練習⑤——飛躍や省略のある文章

次の文章を読んで、40字で要約しなさい。

病原体を研究したり、それに対する「武器」を開発したりする施設が世界各地に多数設置されている。バイオ研究施設は、P1～P4の4段階に分かれている。P4が最も高度の施設で、最も危険な病原体を扱うことができる。

P3・P4施設は、致死性の病原体を扱う施設である。P3施設では、韓国型出血熱、発疹チフス、ツツガムシ病、エイズ、狂犬病、チフス、ペストなど、致死性は高いが、ある程度以上治療法ができている病原体が対象になっている。エボラ出血熱、ラッサ熱、マールブルグ病など、致死性が高いのに加えて、治療法もない病原体については、P4施設で扱うことになっている。

汚染防止設備の仕様については、WHO（国連世界保健機関）が基準を示している。たとえば、周辺より気圧を低く保っている部屋を建物の内部に設け、それによって、研究中の病原体を閉じこめる仕組みになっている。病原体は、特別に設けられた耐火構造の集中管理室で厳重に管理される。これによって、実験室内の空気に含まれる病原体ほとんど100%近いレベルで捕捉され、外部には出ないはず、とされている。

空気や廃液の処理は、これよりさらに厳重に行われる。研究者や技術員は、潜水服か宇宙服のような防護服を着て実験室に入らなくてはならない。空気は、実験室の外から防護服内に直接送り込まれる仕組みになっている。

これだけ厳重に基準が定められていれば、研究施設からの病原体漏出事故など起こらないはずである。各P3・P4研究施設の管理責任者たちは、自分のところでは、施設内の汚染も外部への漏出も起こり得ない、と明言している。

ところが、実際には、そうしたバイオ事故は、世界各地で幾度となく起こっている。その原因としては、(1)研究者や技術員によるミス、(2)研究施設の構造上の不備や老朽化、(3)意図的な漏出あるいは散布——などが挙げられる。

(1)の例としては、バイオ研究史上有名な「バーミンガム事件」がある。これは、WHOによるバイオ研究施設の基準が定められる前の事件だが、その時代でも、病原体が厳重に扱われていたことはいうまでもない。バイオ研究施設の指針が定められたあとでも、ミスによる汚染は起こっている。たとえば、1987年には、オーストラリアのP4施設で、女性研究者がフィルターをつけ忘れたために、研究中のウィルスに感染したし、1991年には、アメリカで、実験室のベンチレーションシステムが誤って逆向きに取り付けられていたため、3名の研究者が病原体に感染して発病した。

施設の老朽化で最も問題なのは、ロシアである。宇宙開発などのビッグサイエンスで次々と成果を上げていたころの旧ソ連には、世界でもトップレベルのバイオ研究施設がいくつもあった。しかし、経済がほとんど壊滅状態に陥った近年では、極端な予算不足のため、P3・P4レベルの施設はもちろん、微生物を扱うほとんどの研施設が、研究には不適切な状態になっている。

ロシア社会の衛生状態もひどく悪化しているので、もし致死性の病原体が漏れたら、大パニックが起こることはまちがいない。それを防ぐためにも、ロシア経済の一刻も早い立ち直りが必要なのだが、出口はまだ見えない。

【解説】

バイオ研究施設からの病原体漏出事故、いわゆるバイオ事故について述べた文章ですが、何カ所かに飛躍や説明不足があるため、わかりにくい記述になっています。

いちばん問題なのは、WHOが設けた汚染防止設備の仕様について説明している部分です。「たとえば」以下に述べられている仕様が、P1〜P4施設の全部についてのものか、それとも高度研究施設であるP3・P4施設についてのものかがよくわかりません。

調べてみると、「たとえば」以下はP3施設の基本仕様で、「空気や廃液の処理は、これよりさらに……」以下がP4施設の仕様だとわかりました。つまり、P4施設はP3施設の仕様に加えて、空気や廃液の処理、研究員の服装などがさらに厳重に定められている、ということです。

こうした欠陥のある文章については、飛躍や省略のある部分について推理したり、関連資料を調べてみたりすることが必要です。

この文章では、欠陥部分を放置したままでも、要約することは可能です。しかし、文章を読む態度として、わかりにくい部分は考えたり、調べたりすることは忘れないようにしたいものです。

〈要約のポイント〉

飛躍や省略のある文章は、それらを放置せず、推測したり調べたりして補う。

記入欄

解答例

バイオ研究所の汚染防止には基準があるが、実際は病原体漏出事故が再々起こっている。

05

要約練習⑥——直訳的な翻訳文

次の翻訳文を読んで、40字で要約しなさい。

今日の小さくなった世界において、より緊急に望ましい諸国民の相互理解は、大部分が、それらの国民によって創造された文化的価値の交換と相互認知によって行われなければならない。

しかしながら、そうした交換は、今日まで人類の言語的差異のために大部分が不可能であった。ある国民の文学を通じて、それを読むことができる人びとは、その国民の表面的な特異性を確認することができるだけでなく、より重要なことは、その国民の基本的な人間性と他の諸国民との類似性もまた確認することができるということである。

『オデッセイ』が世界的な象徴となったのは、そのギリシア的な性格ゆえではなく、『ハムレット』が世界的な象徴となったのは、その英国的性格ゆえではなく、『ドン・キホーテ』が世界的な象徴となったのは、そのスペイン的性格ゆえではなく、それぞれの性格の基本的な人間性が原因なのである。

これらの小説が世界中に知られるようになったのは、民族語の装いによる部分はわずかで、ほとんどは多言語への翻訳によるものである。そうした翻訳活動がなければ、これらは、世界の大部分には知られないままであったかもしれない。

その意味で、文学作品の運命は、偶然に左右されることが多い。すなわち、あらゆる言語における、またあらゆる言語からの翻訳は、多かれ少なかれ無計画に行われているということである。

たとえある作品が世界中に知られるに値するとしても、まず外国のしかるべき人たちの注目を惹くことが必要である。たとえ外国のある出版者がそれを出版しようとしても、彼は、当該の外国語を十分マスターしている翻訳家を発見しなければならない。その場合でも、原作者は翻訳家のまったき手の内にある。しかも、翻訳技能は最もむずかしいものの1つである。
ある作品が原作を根本的に変形してしまった翻訳によって外国で有名になるという例はよく知られている。

【解説】

前ページの問題文は、ある外国語の文献を筆者がわざと直訳調に訳したものです。ヨーロッパ語の文章を日本語に翻訳する場合、直訳調になりやすいのは、次の理由によります。

・ヨーロッパ語の大部分は主語と述語が続いているため、「だれがどうした」「何がどこにある」といった基本部分だけはすぐにわかる。一方、日本語は、主語は文頭、述語は文末にあるのが基本形なので、長い文だと、すぐに意味が取りにくい。

・日本語には関係詞がないため、関係詞を含むヨーロッパ語の文をそのまま訳すと、係り受けの関係がわかりにくくなる。

練達の翻訳家だと、そうした言語構造の違いを消化して、こなれた日本語にすることができますが、慣れない翻訳者は、元の文をそのまま日本語に置き換えようとするので、直訳調になるのです。
ただ、直訳調でも、正確に訳されていれば、文意を取ることはむずかしくありません。複文構造になっている長い文は、短いいくつかの文に分解してみましょう。そのうえで、普通の日本文になるように、つなぎ替えてみると、意味が取りやすくなるはずです。

〈要約のポイント〉

長い翻訳文はいくつかの部分に分け、普通の日本語になるようつなぎ替える。

記入欄

解答例

諸国民の相互理解には文化の交換が必要だが、それには翻訳活動が重要な役割を果たす。

「40字要約」の効果❷——相手に呑まれずに交渉に臨める

最初に勤めた会社で配属されたのが「労務課」でした。自分自身が現場に出て、モノを作ったり売ったりするわけではなく、社員の人たちが気持ちよく仕事ができるよう環境を整えるのが仕事です。いわば裏方のようなもの。会社で起きる様々なトラブルを解決するのも仕事でした。

トラブルは社内だけでなく、社外の人との間でも発生します。たとえば、会社の寮生たちが起こした交通事故の示談といったものもありました。そんなとき私は会社の代表として示談交渉の席に着いたものです。

ところで、交渉や会議の席で「40字要約」はどのように役立つでしょうか。

まず、相手の発言などを40字に要約しながら聞くためには、メモの準備をしなくてはなりません。そこで、交渉を始める前にテーブルの上にメモの準備（ノート、万年筆、マーカーなど）を出すと、たいてい相手はそれだけで緊張するものです。これで第一ラウンドは勝ち。相手が動揺する動きを見れば、逆に自分は落ち着いて、気持ちのゆとりを持って交渉に臨むことができました。道具によって、相手の心の動揺を誘い、自分には心のゆとりをもたらすのです。

次に、会議・交渉の場ではやたら難しい言葉を使い、高尚な理論を展開しようとする人がいるものです。こちらに予備知識がないと、難しい言葉を使い、専門家だけが知っているような理論を展開する人は、それだけで、圧倒されてしまうことがよくあります。ところが、そうした人の発言を実際に40字に要約してみると、実はあまり中身のないことに気づかされます。同じ言葉を何度も繰り返していたり、ただそれを難しい言葉で表現しているにすぎないわけです。

　あなたの周りに、そんな「論客」はいませんか。こちらの知らない言葉を知っている相手は、それだけで恐いと思いがちですが、交渉の席ではあくまで中身が問題なのはいうまでもありません。このことがわかってからは相手に呑まれずに交渉できるようになりました。

　交渉が過熱してきて、どちらが有利なのかわからない場面があります。そうした駆け引きの場面になると、ほんのわずかな言葉のアヤや論旨の矛盾を突くことによって、全体の流れを一挙に引き寄せることができるものです。

　相手の発言を40字に要約しながら聞いていると、話の全体像がよく見えてきて相手の論旨の矛盾がよく見えてきます。攻めどころが明確になってくるのです。そこで、その点を突くと、たいてい相手はたじろぎ、有利な条件を導き出すことができたものです。

　つまり「40字要約」は交渉や会議の場で、始まりから中盤のヤマ場、そして煮詰まった終盤まで、あらゆる段階で役立つノウハウなのです。

第2部 40字要約の実践

7章 白書・統計文書を読みこなす

01

政府刊行物や企業文書を読むコツ

官庁文書や企業文書は、文章だけでなく、図表を参照する

◆Web上でも閲覧できる政府刊行物の目的とは

企業活動は、行政の動きと密接に関わっています。国会や地方議会でどんな法令が制定されたか、官庁がどんな施策を採り、経済の動向をどう判断しているか、といったことを常に把握していないと、対応を誤ることになりかねません。

政府のそうした動きを掲載しているのが「政府刊行物」です。政府刊行物とは「編集、著作、監修、発行のいずれかが、政府関係機関である刊行物」のことです。その内容を区分すると、次ページに示す9種類になります。

これとは別に、行政の動きを逐次国民に知らせるための文書もあります。これは「官報」と呼ばれ、原則として平日は毎日発行されます。法令の公布のほか、各種国家試験の施行・合格者の発表、政府調達、会社の法定公告・決算公告などが掲載されています。

政府刊行物や官報は、印刷物として配布されるのが伝統的な形態でしたが、近年は、磁気媒体や

■政府刊行物の種類

種　類	内　容
白書	経済白書、防衛白書、環境白書などの白書類で、政治・経済・社会の実態や政府の施策の現状を広く国民に知らせることを目的としたもので、各官庁から発行されている。
審議会答申・研究会報告	税制改正、統計行政の新中・長期構想、21世紀に向けた流通ビジョン（以上いずれも審議会答申）など、また、大学の多様な発展を目指して、市場創造自立型企業の提言、日本的雇用制度の現状と展望（以上いずれも研究会報告）など、すべて現在そして未来の身近かなあるいは重大なテーマについての答申と報告。
統計・調査報告	国勢調査、工業統計表、家計調査など各種の統計、予算書・決算書、日本経済の現況、主要産業の設備投資計画、有価証券報告書総覧など国の財政・経済等の実態を明らかにしたもの、その他各省庁のさまざまなテーマの調査報告。
人事・法人録	政府機関およびその職員の一覧。
便覧・要覧・総覧	信用組合便覧、全国学校総覧、鉄道要覧などで、分野別にいろいろある。
六法・法令通達	分野ごとに、○○六法、小六法、あるいは△△法令通達集がある。公務自体はもちろんのこと、行政の側であれ、業界あるいは市民の立場であれ、行動するにはこれが必要。
解説・手引書	法律詳解、時事問題解説、各種ガイドブックから研修のテキストなど、広範囲に及ぶさまざまな事項や問題についての解説と手引書など。法律改正や重要な政府情報を正しく理解するため、そして行政との適正・的確な接点を得るためにも不可欠。
一般教養書	政治・経済から文化一般まで、ユニークな企画で、わかりやすく、ときにはマンガにして出版されている。
雑誌類	情報専門誌から広報誌まで、一般書店ではほとんど見られない雑誌が200種類以上出ている。

光ディスクでも配布され、さらにWeb上で閲覧することもできるようになっています。

印刷物やディスク類は、各省庁の文書閲覧窓口や政府刊行物サービスセンター、大手書店の政府刊行物コーナーなどで入手できますが、居ながらにして閲覧できるWeb上の検索がもっとも便利です。政府刊行物は各省庁のホームページで、官報はhttp://kanpou.npb.go.jp/で見られます。

◆企業の開示書類とは

企業が取引や投資を行うかどうかを決める際には、相手企業の経営状態や財務状況を調べることが必要です。もしその会社が上場企業なら、ディスクロージャー制度にもとづく書類を見るのが便利です。

ディスクロージャー制度とは、企業内容開示制度ともいい、投資家や債権者の権利を保護する見地から、企業の経営活動や決算に関わる状況を開示させる制度です。

開示書類は、証券取引法や商法によって定められています。証券取引法に関連した開示書類としては、有価証券届出書・有価証券報告書・半期報告書・臨時報告書・四半期決算などがあります。

一方、商法に関連した開示書類として挙げられるのは、貸借対照表、損益計算書、営業報告書、利益処分案などです。上場企業は、これらの計算書類を作成し、株主総会の直前に、株主総会招集通知とともに株主に直接開示し、総会で承認を得なければならないと規定されています。

これらの書類も現在ではほとんど電子化されており、インターネット上で見られるし、ダウンロードも可能です。証券取引法に関連した書類は、金融庁のサイト（http://www.fsa.go.jp/）のうちのＥＤＩＮＥＴで見ることができます。いずれも、印刷物での入手も可能です。

◆刊行物は図表や箇条書き部分に注目する

一般的にいって、官公庁の文書は、あまり読みやすくありません。その主な原因は、カタカナ語を含めて難解な専門用語が多く、長い複雑な文が多く使われているためです。

これは、頭の固い高学歴エリートが中央官庁に多いためでしょうが、少なくとも文章に関しては、わかりやすく読ませようという配慮が不足しているように思われます。政府刊行物を読むときには、現代用語辞典やカタカナ語辞典が欠かせません。

その一方で、優れている点もあります。それは図表が多く用いられている点です。文章の説明を補強するように、グラフや統計表が多く掲載されています。これは、企業のディスクロージャー書類も同じです。文章が多少わかりにくくても、図表を参照するとわかってくる場合があります。

また、箇条書きが多用されているのも、長所といえます。箇条書きの多い文章は味わいに欠けますが、内容を正確に伝える点では、優れた表現法といえるでしょう。

そこで、これらの文書を要約する際には、図表や箇条書きに着目しましょう。

要約練習⑦——通商白書

次は通商白書の一部である。これを読んで、40字で要約しなさい。

日本の東アジア各地域貿易における比較優位構造について、顕示比較優位指数（Reveal-ed Comparative Advantage）の推移（図—省略）により概観すると、おおむねどの地域に対しても、製品・半製品の分野では、「テレビ受像機」、「VTR」といった最終製品は比較優位を低下させており、特に、中国における「テレビ受像機」の急低下が目立つ。

これを各地域別に見てみると、対NIEsに関しては（図—省略）、1990年代半ば以降、製品・半製品の分野において「テレビ受像機」、「VTR」等の比較優位が低下してきている。一方で、素材・部品分野に関しては「非鉄金属」、「半導体等電子部品」、「鉄鋼」が依然として比較優位を保っていることがわかる。

対ASEAN4に関しては（図—省略）、製品・半製品の分野においては「金属加工機械」、「原動機」、素材・部品分野においては「半導体等電子部品」、「鉄鋼」、「非鉄金属」、「自動車の部分品」が高い比較優位を維持している。

対中国に関しては（図—省略）、製品・半製品分野においては「金属加工機械」、「通信機」を除き多くの品目が低下傾向にある一方で、素材・部品分野においては「半導体等電子部品」、「自動車の部分品」の比較優位が徐々に向上している。

つまり、中国に立地した日系企業を含めた中国との分業構造において、日本に立地している企業の高付加価値部品等の優位性が増大してきていることがわかる。これらの傾向は、輸出からノックダウン生産、現地への本格的な生産工場の進出といった国際分業関係が、NIEs及びASEAN4と同様、中国においても進展してきていること等を背景に、製品・半製品といった分野から高機能素材・部品等へ貿易構造の中心がシフトするという国際分業形態の深化が、日本と中国との関係においても表れ始めているためと考えられる。また、この関係は、中国企業と中国に立地した日本企業の競争戦略もその一因となっていると考えられる。

つまり、中国企業は、キーコンポーネントは自社で製造せず海外企業からの調達に依存し、自社は専ら加工組立型生産形態に強みを有している。それに加え、中国に立地した日本企業も、低人件費等を活用するための加工組立ラインの進出が多いことから、キーコンポーネントは日本からの輸入に依存している構造となっているためと考えられる。逆に言えば、日本に立地している企業が、引き続き日本における事業活動の優位性を保持し、競争力を維持・向上させていくためには、高度な技術力を体化したキーコンポーネントを中国等の地場企業や東アジアに展開した日本企業に供給していく戦略は、ますます重要となると考えられる。

日本貿易振興会が、アジアに立地している日本企業に対して実施したアンケート調査によれば、日本企業のアジア地域における競争激化に対する対応策として、「生産品目の高付加価値化」を挙げている企業が51・9%と最多となっており（図—省略）、日本からのキーコンポーネントは、東アジアに展開した日本企業の競争戦略上一層重要になっていくものと考えられ、日本からのキーコンポーネントの輸出の一層の拡大が期待される。

（2003年度『通商白書』より）

【解説】

2003年度『通商白書』の第2章「東アジアにおける経済関係の深化と我が国企業の活動」の

うち、第3節「東アジア地域における日本企業の事業活動の課題と戦略」の1項目です。

耳慣れない言葉がいくつか出てきますが、「顕示比較優位指数」は、世界への平均的な輸出比率と各地域への輸出比率の大きさを財ごとに示した指数で、これを見ると、各地域貿易でどの財に競争力があるかがわかります。

また、ＮＩＥｓ《ニーズ》は新興工業経済地域の英語の略称で、アジアでは香港・シンガポール・台湾・韓国を指します。これにタイ・マレーシアを加えた6か国をダイナミック アジア経済地域といいます。

さて、文章では、次の3点がポイントになっています。

①東アジア地域では、日本の製品・半製品は優位性が低下しているが、素材・部品分野では優位を保っている。

②これは、日本対東アジア各国の貿易構造の中心が製品・半製品分野から高機能素材・部品等へシフトしていることによる。

③したがって、日本企業が競争力を維持するには、高付加価値部品等を東アジア各国の地場産業や現地に立地した日本企業に供給していく戦略がますます重要になる。

③が結論部分で、要約はこの内容を中心にまとめます。

〈要約のポイント〉

白書類は、文章の重要ポイントを箇条書きにしてみると、内容がわかりやすい。

記入欄

解答例

高付加価値部品等の輸出が東アジアで日本企業が競争力を向上させるためのキーとなる。

03

要約練習⑧——審議会答申

次は東京都の審議会答申の一部である。これを読んで、40字で要約しなさい。

ものづくり産業集積の変容

近年、ものづくり産業集積の状況が大きく変容している。

第一に、ＩＴ及び交通網の発達等に伴い、集積メリットの一つである距離要素が減少していることである。今やIT-basedの世界に入ったといわれるまでに至った情報通信網の整備、高速道路網の整備などにより、地理的、距離的な制約条件が大幅に緩和されている。企業間の取引関係は広域化が進み、ものづくり企業をめぐる物流や情報交換の面では、地理的近接性のメリットはかつてほど重視されなくなっている。

また、宅配便などの物流改善により物流コスト面のメリットも減少している。一方で、デジタル機器など開発サイクルが短い製品を、タイムリーに開発・生産することが求められるようになり、フェイス・トゥ・フェイスの関係は依然、重要な要素と認識されている。

第二に、系列関係の崩壊が進み、従来の系列を離れた独自の取組みの必要性に迫られるなど、受発注関係が変化していることである。東京都が実施した「ものづくり産業集積実態調査」（平成15年、以下「実態調査」という。）によれば、主要取引先に対する売上高の割合が10年前と比べ減少した製造業が5割を超えている。大手企業には系列外取引を推奨する動きもあり、一社と深い結びつきを持つ系列関係の崩壊が進んでいる。

一方で、発注企業側にも変化が見られる。近年、発注企業側の技術力の空洞化が進み、設計部門の開発力や資材調達部門の目利き能力などが低下していることが指摘されており、専門特化した技術を持つ開発型中小企業の役割が高まっている。

このような取引関係の変化に加えて、高い品質要求、受注単価の切下げ、一層の短納期化、支払条件の悪化など、中小企業は取引条件の大きな変化に直面している。

第三に、ものづくり産業の構造自体も、ソフトなものづくりが台頭するなど変化をみせている。ソフトなものづくりは、最近10年間で都内の事業所数が24%増加しており、創業時期をみると平成7年以降の創業が約2割を占めるなど若い企業が多い。

ソフトなものづくりの大きな特徴として、土地・建物の自己所有割合が低いことをあげることができる。「実態調査」によれば、ソフトなものづくりの8割が事務所を賃借しており、事業の適地を求めて移動するのが比較的容易である。

また、アニメやゲーム企業は大都市における新たな集積のタイプと特徴づけることができる。高い専門技術を持ったクリエーターは大都市に集まっており、優秀な人材を確保するために、企業の側が、働く人のライフスタイルに合った立地を選択する傾向がある。


【解説】

平成16年5月、東京都中小企業振興対策審議会は『東京都のものづくり産業の集積施策のあり方』という答申を、東京都に提出しました。問題文は、その第1章「東京のものづくり産業の集積」のうち、東京のものづくり産業の集積の現状について述べたパートの冒頭部分です。

白書や審議会答申の例に漏れず、IT-basedの世界とか、地理的近接性のメリットといったこむずかしい言い回しがいくつか見られますが、記述自体は筋道の通った構造になっており、じっくり読んでいけばわかるようになっています。

第一~第三として述べられている内容を箇条書きにすると、次のようになります。

①情報通信網や高速道路網の整備、物流システムの改善により、どこに立地するかはあまり大きな問題ではなくなっている。ただし、一部では、顔をつきあわせる関係も重要と認識されている。

②系列を超えた取引の増加や開発型中小企業の役割の増大に加えて、中小企業に対する取引条件が厳しくなるなどの変化が見られる。

③ものづくり産業のなかでソフトウェア産業が台頭しているが、これら産業は適地に移動するのが簡単である。アニメ・ゲーム産業は、とくに大都市への集積に適している。

ひとことでいえば、インフラストラクチャの整備や産業構造の変化のなかで、ものづくり産業集積の条件が変化している、というのがこの文章の骨子です。

制限字数内で要約するには、インフラストラクチャといった長い言葉をインフラと略称するか、産業基盤といった短い言葉に置き換える工夫が必要です。

〈要約のポイント〉
難解な言い回しをわかりやすい言葉に替え、重要ポイントをたどって読み解く。

記入欄

解答例

インフラの整備や取引関係の変化のなかで、大都市に適したソフト産業が台頭している。

要約練習⑨――企業の情報開示文書

次はある企業の営業報告書の一部である。これを読んで、40字で要約しなさい。

当期におけるわが国の経済は、雇用情勢等では依然として厳しい状態が続いているものの、世界経済が回復するなかで、アジア向けを中心に輸出が増加し、企業収益に改善の傾向が見られ設備投資も増加傾向にあるなど、期末にかけて徐々に回復してまいりました。

移動通信市場は、携帯電話等の人口普及率の高まりとお客様ニーズの多様化等に伴い、通信事業者間の競争がますます激化し、各事業者ともカメラ付携帯電話、第三世代移動通信サービス等端末の高機能化及び新たな料金サービスの提供等を図っております。当期における携帯電話にＰＨＳを加えた移動電話の純増数は５５４万契約となり、当期末の総契約数は８６６５万を超え、人口普及率は67・９％と市場は拡大を続けてまいりました。

当社は、このような市場環境に対応するため、「ＦＯＭＡ」サービスの普及拡大を基本にコアビジネスの充実強化を図るとともに、業務プロセスの見直しによる事業の効率化を進め、更なる成長に向けた経営体質の強化を図ってまいりました。また、経済・社会活動のＩＴ化やグローバル化が進展しているなか、「マルチメディア化」「ユビキタス化」「グローバル化」の３つを軸とした事業領域の拡大を図ることにより企業価値の向上に努めてまいりました。

特に、「ＦＯＭＡ」サービスにつきましては、当期を普及拡大のための「ステップの年」と位置付け、サービスエリアの拡大、端末の小型・軽量化及び連続待受時間の改善など基本性能の向上に取り組むとともに、パケット通信料の割安感を訴求するなど積極的な販売に努めてまいりました。加えて、本年2月に第三世代移動通信サービスならではの新機能等を搭載した「FOMA900i」シリーズを発売いたしました。その結果、当期末には、全国で300万契約を突破いたしました。
また、新たな事業領域の拡大をめざした取り組みといたしましては、昨年10月に全国で4000万契約を突破した「iモード」サービスを中心に、赤外線通信、「QRコード」等を用いた外部とのインターフェース機能を活用し、他企業との連携による新たな付加価値サービスを提供してまいりました。さらに、ソニー株式会社との合弁事業により、非接触ICカード技術FeliCa（フェリカ）を搭載した携帯電話によるサービスの実験に着手するなど、新たなサービスの実現を積極的に推進してまいりました。

（NTTドコモ2003年度の営業報告書より）

【解説】

問題文は、NTTドコモが第13回定時株主総会招集する際に、株主に送った添付書類の一つ、営業報告書のうち、全般の状況について述べた部分です。営業報告書は、その年度にどんな営業活動を行い、どんな成果を得たかを文章で示す書類です。

まず、移動体通信市場で競争が激化していることを概観し、そうした状況のなかで、NTTドコモは次の2点に力を入れてきたと述べています。

①FOMAサービスの普及拡大を基本として、コアビジネスの充実強化を図ってきた。
②マルチメディア化・ユビキタス化・グローバル化を軸として、事業領域の拡大を図ってきた。

このあとは、①と②についての具体的な活動内容を示しています。市場の概観や具体的な活動内容は要約しきれないので、①と②の部分について40字以内でまとめることになります。

〈要約のポイント〉

企業の情報開示文書は、文章と数字の間に食い違いがないかチェックすること。

記入欄

解答例

FOMAの普及拡大を基本に、コアビジネスの充実強化と事業領域の拡大を図ってきた。

「40字要約」の効果❸――イメージ力が高まる

40字要約の成果として挙げられるのは「イメージ力」が高まるということです。小説を読む際もビジネス書を読む時も、一区切り（節）ごとに読み終えたら40字に要約する訓練をすると、行間を読み取る習慣がつきます。

どういうことかというと、テレビとか映画は映像が向こうから飛び込んで来るので、あまり考えなくても情景は見えています。しかし活字の場合は、そうはいきません。

読みながら考え、イメージしないと、その情景は見えないわけです。この「文章を読みながら情景を考える」というのが〝行間を読み取る〟ということです。

イメージを思い浮かべるわけですから、始めは小説それも歴史小説か企業小説から始めるとよいでしょう。活字を情景に変える訓練です。

小説がある程度できるようになったらビジネス書に移りましょう。この場合、単に活字だけを40字に要約するのでは力はついて来ません。書かれている内容を〝場面〟いわゆる、一シーンとして頭の中に入れるのです。この書かれている内容は、自分の日常の場面ではどういうことなのか？　と考え、自分の生活の場面に置き換えてみるのです。

そうした訓練を積むと、自然に〝イメージ力〟がついてきます。その結果次のようなことが可能になります。

①相手のホンネが読める

商談において相手の心の動きが読めるようになり、こちらの思いどおり上手く進むようになります。「この人は今、口ではこうおっしゃっているが本心は違うな！　本心はここにある」というのが見えて来る。そこで、口で話している「タテマエ」は無視して、心の中で思っている「ホンネ」に迫っていくから、商談が上手く、良い方向に展開して行きます。

②相手の気に入る企画書が書ける

企画書を書く場合、あるいは社内コンペをする場合でも、そのプロジェクトの核心が読めるので、目には見えない、本質の全貌をイメージすることができる。そのため、相手の心を打つ、心に訴えるプレゼン資料や企画書が書けるようになり、仕事の場面で大いにプラスになります。

第2部 40字要約の実践

8章 Web情報は質の見極めがポイント

01

信頼できるWeb情報の見分け方

Web情報は玉石混淆なので、情報の質をしっかり見極める

◆非常に良質の情報がある一方で、劣悪な情報も多い

現代の3大情報源は、印刷物・電波・インターネットです。このうち、情報量がもっとも大きいのはインターネットです。インターネット上には、人類が2千年以上にわたって蓄積してきた文字情報の合計をはるかに上回る情報が蓄積されているといわれます。

しかし、このインターネット上の情報、いわゆるWeb情報は、質の点でかなりの問題があります。非常に良質の情報がある一方で、低劣な情報も多く、その格差が甚だしいのです。

本や雑誌・新聞といった印刷物の記事を書く人は、文章のプロか、プロでなくてもある程度以上の知識や文章力のある人たちです。しかも、その著述物には編集者や校閲者、ものによっては監修者のチェックが入ります。そのため、これらの情報には、それほど極端な質の差はありません。

これに対してインターネットは、だれが何を書こうと自由です。そのため、何重にもチェックを受けたデータがある一方で、理解力や思考力の劣る人が思いつきで書いた文章や、でっち上げとか

■Web情報を見分けるチェックポイント

□1. 文章がわかりやすく、筋道が通っている。
□2. 言葉の使い方が正しく、誤字・脱字がない。
□3. 行間を広くしたり、段落間を空けるなど、読みやすくする工夫がしてある。
□4. データ作成者の名前と作成の日付が入っている。
□5. オリジナルなデータか、他からの引用かがはっきりわかり、引用については出典が明示されている。
□6. データのテーマや作成の目的が明示されている。
□7. 調和の取れた、節度のある表現がされている。
□8. 他者への悪意に満ちた表現がない。
□9. 自分と異なる考えや立場の人に対して配慮がなされている。
□10.問い合わせのEメールアドレスが表示されており、法人の場合はさらに住所や電話番号（固定電話）、が表示されている。

こんなサイトには気をつけて!

- ビジターの利益をやたら強調しているサイト
- 性的色彩の濃い出会い系サイト
- ポルノサイト
- 組織の概要や住所・連絡先がどこにもない企業・団体のサイト
- 目的や情報提供者の正体が不明なサイト
- 他者のへの誹謗・中傷を主としているサイト
- カルト教団やカルト的団体のサイト
- 疑似科学サイト

デマに近いデータも大量に存在しています。

内容の質だけでなく、目的や意図にも格差があります。良質な情報を人びとに提供しようという善意のサイトがある一方で、人をだましたり、おとしめたりするサイトも少なくありません。

これらのことを考えると、Ｗｅｂ情報を仕事に活かすには、信頼できるデータを見抜く「眼力」が必要なことがわかります。

◆情報の内容から質を見分けるには…

では、Ｗｅｂ情報が信頼できるものかどうか、どこで見分けたらよいのでしょうか。

まず、文章についてチェックしてみましょう。表現に問題があっても、情報自体は有用というケースもありますが、一般的には、文章が下手なものは用心が必要です。

「てにをは」や句読点、漢字や語句の使い方がまちがっているなど、文章の基本ができていないようでは、データの意味を作成者が正しく理解しているか疑問です。

内容面では、論旨に飛躍や矛盾がないか確かめましょう。論旨がおかしいデータは、即、信用できないと判断してかまいません。

また、他者、とくに自分と意見や立場が異なる人への配慮がないデータは、作成者によって内容がゆがめられている恐れがあるので、これもそのまま信用してはいけません。一方、調和の取れた節度のある表現がなされていれば、信頼度は高いと考えてよいでしょう。

形式面では、段落間を空けている、長い文章には小見出しを入れてあるなど、読みやすいような工夫がなされているデータは、かなり信用できます。

そのほか、引用部分については出典が明示されているかどうか、データの作成者や作成日が表示されているかどうか、といった点もチェックポイントになります。

◆サイトの種類で判断する

情報そのものからでは判断がつきかねる場合は、サイトの種類も参考にしましょう。

一般的にいえば、官公庁や有名研究機関、有料データベース、博物館や美術館、有名新聞社や出版社のサイトにあるデータは、いちおう信用できます。それなりの能力や知識のある人たちがデータを作成しているし、内容の更新やミスの訂正も随時に行われるので、利用しても、まず心配はありません。

大企業・有名企業、大学・高等専門学校、専門家や有名知識人のサイトにあるデータも、信用度はかなり高いといってよいでしょう。ただし、大学や高等専門学校の場合は、教員・研究者ではなく、学生が作っているデータもあります。有名知識人のサイトも、本人ではなく、アシスタントが作っている場合があります。これらについては、作成者がだれか確認することが必要です。

02

検索サービスの上手な使い方

検索テクニックを覚えればWeb情報キャッチの達人に

◆検索方法はキーワード検索とカテゴリー検察の2種類

インターネットからの情報収集でカギを握るのは、検索能力です。検索サービスをどのくらい使いこなせるかによって、キャッチできる情報の質と量が大きく違ってくるからです。

検索方式には、大きく分けてキーワード検索とカテゴリー検索の2種類があります。

キーワード検索では、調べたい事柄に関係が深いと思われる言葉（キーワード）を検索欄に入力し、検索（またはサーチ）ボタンをクリックします。すると、そのキーワードが含まれているページの一覧が表示されるので、その説明を見ながら、求めるページを探していきます。

一方、カテゴリー検索は、検索サービスが収集・分類・整理したデータのなかから、大項目→中項目→小項目……の順にページをたどりながら、求める情報を探す方式です。

キーワード検索は、多くのページから情報を探せますが、キーワードの設定が不適切だと、求める情報にたどり着くまでに時間がかかるのが欠点です。カテゴリー検索は、情報が分類・整理され

■ Googleの使い方

←Google（http://www.google.co.jp）のメイン画面。四角の中に探したいページに関わるキーワードを入力し、「Google検索」ボタンを押す。現れたページの一覧から見たいページを選ぶ。キーワード入力後、「I'm Feeling Lucky」ボタンをクリックすると、最も関係の深いページが一発で表示される。

→メイン画面で「検索オプション」をクリックすると、詳細検索のできる画面が現れる。四角内に必要なキーワードを入力し、その下で検索条件を選択または入力して「Google検索」ボタンを押す。

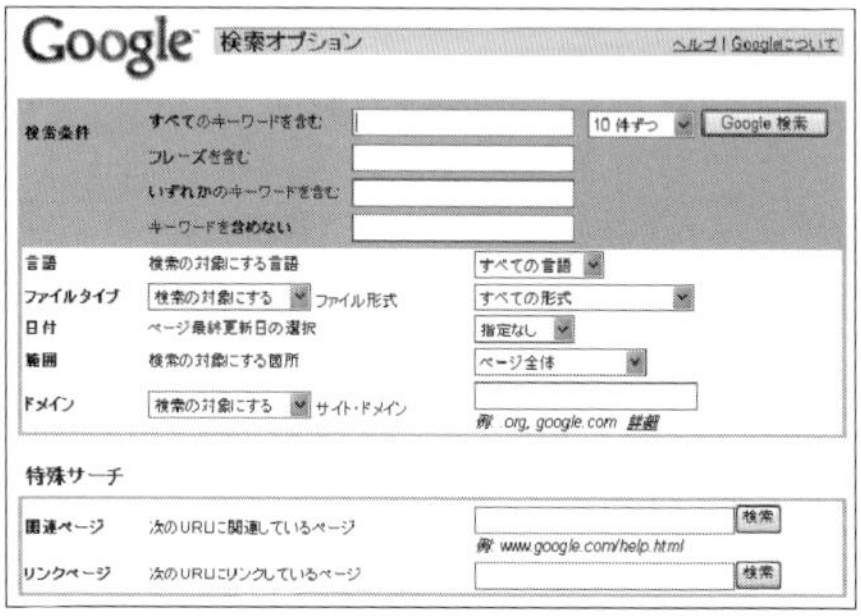

↑http://toolbar.google.com/intl/ja/から「Googl toolbar」をインストール（無料）すると、Googlのホームページを開くことなく、Internet Explorerのツールバーから直接検索することができる。そのほかにも、便利な機能がいくつかある。ただし、Windows版のみ

ているので、情報を探しやすい反面、登録されたページしか出てこないのが弱点です。

◆求める情報に早くたどり着くには…

たいていの検索サービスは、両方式を提供していますが、できるだけ広い分野から情報を探したい場合は、キーワード検索が便利です。ただし、入力のコツを知らないと、ものによっては、広漠たる情報の海を漂い続けることになります。

キーワードとして一般的な言葉を入力すると、膨大な数のページが出てきて、なかなか求めるページにたどり着けません。これを避けるためには、キーワードとして限定的な意味の言葉を選ぶか、複数のキーワードを入力することです。後者の場合には、キーワードとキーワードの間を半角または全角1字分空けます。

Ｇｏｏｇｌｅ《グーグル》という検索サービスで、その方法を見てみましょう。たとえば、フランスに旅行に行きたいので、パリのホテルを予約する方法を知りたいとします。キーワード入力欄に「フランス旅行」とだけ入力すると、約1万８８００件もヒットしてしまいます。このなかから求める情報を探すのは大変です。

そこで、「フランス旅行　宿泊」とキーワードを二つ入力すると、ヒット数は約７５６０件に減ります。さらに、「フランス旅行　宿泊　予約」とすると、１４３０件に減り、「フランス旅行　宿

泊　予約　パリ」とすると、586件に減って、ぐんと探しやすくなります。最初から四つのキーワードを入力して探すと、求める情報に早くたどり着けるわけです。
以上は検索の基本的な方法ですが、そのほか複数のキーワードを1語として探すフレーズ検索とか、特定の言葉を除外して検索するマイナス検索など、いろいろなテクニックがあります。それらのテクニックを覚えて、情報検索能力を高めましょう。

◆便利で使いやすいGoogle

日本語が使える検索サービスとしては、Googleのほか、Yahoo《ヤフー》、Goo《グー》、Excite《エクサイト》、Infoseek《インフォスィーク》、LYCOS《ライコス》 Japan《ジャパン》、FreshEye《フレッシュアイ》などいろいろありますが、現在のところ、もっとも使いやすいのはGoogleです。ヒット数が抜群に多いのです。

Exciteなどいくつかの検索サービスが、Googleの検索エンジンを使っています。また、Biglobeはじめ多くのポータルサイトでも、Googleの検索エンジンが使われています。ここでいう検索エンジンとは、検索システムを意味しますが、検索サービスと同義に使われることもあります。

Googleの検索エンジンは、情報検索のほか、計算機能やヤマト運輸の荷物検索、会社情報検索、株価検索、辞書検索、電車の路線検索などにも使うことができます。

03 要約練習⑩——ビジネス記事

次の記事を読んで、40字以内で要約しなさい。

公正取引委員会は、6月30日に開催された第4回著作物再販協議会の議事録を公開した。出席者は、協議会の座長を務める法政大学の石坂悦男社会学部教授をはじめ、JASRAC（社団法人日本音楽著作権協会）の泉川昇樹常任理事、財団法人日本消費者協会の長見萬里野参与ら協議会会員など16名。著作物再販制度の弾力的運用に関して関係業界の取り組み状況が報告されるとともに、会員相互の意見交換も行なわれた。

再販制度（再販売価格維持制度）とは、メーカーが小売価格を決定できる制度のこと。独占禁止法では、再販維持行為を自由な価格競争を妨げるものとして禁止しているが、新聞や書籍、音楽CDなど著作物6品目は、例外的に法定再販物として認められている。公正取引委員会は競争政策の観点から再販制度を廃止すべきとの立場だが、現在のところ、「国民的合意が得られていない」ため、廃止の前段階として、現行制度のもとで弾力的な運用を求めている。

議事録によると、再販制度の弾力的な運用が見られたのは出版業界や音楽業界。両業界において、インターネットを利用した「謝恩価格本フェア」や「廃盤CDセール」を実施した点を評価している。

出版業界ではまた、書籍のオンラインショッピングが増加していることを報告。今後は出版倉庫会社とICタグを用いた流通改善にも乗り出すという。

意見交換ではコピーコントロールCD（CCCD）について、「CCCDは再販制度の対象となる著作物にあたるのか」「CCCD導入によってCD売上は向上したのか」

「違法コピーを防ぐ手段は、CCCDにこだわらず多様な取り組みがあったほうがいいのでは」など、音楽業界に対する疑問も投げかけられた。

こうした疑問に対し、「CDに傷を付け、音質を悪化させて販売するCCCDは、再販制度の対象としての音楽CDと言えるのだろうか」「CCCDの音質向上に費用がかかり、安くできないということであれば、消費者としては矛盾を感じる。再販制度のあるCDではなく、再販制度対象外のメディアを活用する方法もあるのではないか」などの意見交換がなされた。

なお、2002年3月のCCCD導入から2004年5月までで、累計のCCCD新譜数は2580タイトルに達したという。

このほか、音楽CDの還流防止措置についても議論が交わされた。

「国内での競争が再販で封じられているのに、外国からの輸入を止めるということは、価格を規制する以上に重大な問題。一般的には独禁法や価格競争とは関係ないという議論が多いが、総体として考える必要がある」「ユーザーからの声は認識している。還流防止措置がなぜ必要なのかをしっかり伝えなければならない。誤解を受けることなく運用するつもりだ」といった意見があった。

(http://internet.watch.impress.co.jp/cda/news/2004/07/12/3856.html)


【解説】

問題文は、インプレスコミュニケーションズ社が運営する情報サイト「Internet Watch」から採りました。公正取引委員会が主催する著作物再販協議会の第4回の議事内容をレポートした記事です。この記事では、次の3点がポイントになっています。

①メーカーが小売価格を決める再販は独占禁止法違反だが、新聞や書籍、音楽CDなどについては例外的に法定再販物として認められている。
②しかし、これらについてもいずれ廃止する予定なので、その前段階として、再販を弾力的に運用するよう業界に求めている。出版・音楽業界では、その努力が見られる。
③コピー防止機能を組み込んだCCCDは、再販制度の対象としてはたして妥当かという疑問が提出された。

①はこの記事を読むうえでの予備知識なので、要約は②と③について行います。

③の内容について理解するには、コピーコントロールCDについての知識が必要です。この記事では、その知識がなくても要約はできます。しかし、要約は、それ自体が目的ではなく、内容の理解が本来の目的なので、わからないことがあったら、調べるよう努めなくてはなりません。

CCCDについて簡単に説明しておくと、日本で採用されたカクタス・デジタル・シールド方式は、きわめて中途半端なコピーガードで、機器によっては苦もなくパソコンにコピーできるうえ、一部の音楽CDプレーヤーでは再生できないなどの危険性が指摘されています。

〈要約のポイント〉

要約作業には必要なくても、わからない点があったら調べて理解しておく。

記入欄

解答例

出版・音楽業界の再販制度弾力的運用を評価する一方、CCCDについての疑問が出た。

04

要約練習⑪――調査レポート記事

次の記事を読んで、40字以内で要約しなさい。

日本能率協会総合研究所（東京都千代田区）は4月下旬、首都圏在住の女性を対象に、比較的目新しさのある調味料・スパイス、食材、世界の国の料理などについて一般家庭にどれくらい浸透しているかを探る「新しい味の定着度調査2004」を実施した。20～70代の主婦と20～30代の独身女性、合わせて1800人に調査票を送り、1344人から有効回答を得た。この中から、1996年、98年、2001年にそれぞれ実施した同調査と比較可能な20～50代主婦の回答を抜き出し、ここ数年の傾向を分析した結果は以下のようになっている。

調味料・スパイスについては、イタリア料理ブームの影響で日本の家庭の食卓にも登場するようになった「オリーブオイル」、パスタ料理などで使う「バジル」、独特の風味を持つイタリアの酢「バルサミコ」の躍進ぶりが目立った。

日本の家庭にほぼ定着したといえるのが「オリーブオイル」。「知っている」と答えた人の比率（認知率）は96年時点でも90％を超えていたが、今回の調査ではほぼ100％に。「よく利用する」と答えた人の比率（利用率）も、96年に48％だったのが70％強へと大きく上昇した。

「バジル」も認知率が90％台後半に達し、利用率も40％を超えて96年の20％強から大きく伸びた。「バルサミコ」の認知率も86％と高く、96年の30％から56ポイントも上昇。ただし、利用率は10％程度で低い水準にとどまっている。

なお、こうした新しい調味料や食材を購入するきっかけを尋ねたところ、トップだったのが「店頭でみかけて」。次に「料理に関するテレビ番組を見て」「料理の本・雑誌を見て」と続き、「レストランでおいしさを知って」は6番目だった。

世界の料理に関する調査では、83項目の料理について「(テイクアウトも含めて)家庭で食べたことがあるかどうか」を聞いた。東南アジア・エスニック系メニューの中で、「家庭で食べたことがある」と答えた人の比率がダントツで高かったのは「生春巻き」。50%を超え、2001年比で倍以上と〈大躍進〉した。同じカテゴリーの中で、他に大きく伸びたのがベトナム風うどん「フォー」。2001年時点でほぼゼロだったのが、今回は20%弱と15ポイント以上増加した。(蓬莱明子)

(http://nikkeibp.jp/wcs/leaf/CID/onair/jp/biz/318512)

【解説】

日経BP社は数多くのWebサイトを設けていますが、右の問題文は、そのうち仕事の情報を提供する「Nikkeibp.jp」から採りました。調味料やスパイス、食材、各国料理が一般家庭にどのくらい浸透しているかについてレポートした記事です。

この種の調査記事では、最初に調査のテーマや調査対象、集計方法など、調査方法について述べるのが基本形ですが、この記事もそのスタイルをとっています。

調査結果では、①イタリア料理ブームの影響でオリーブオイルをはじめ、バジル、バルサミコの認知率や利用率が上昇した、②各国料理ではベトナム料理、とくに生春巻きやフォーの経験率が急上昇した——の2点がポイントになっています。この2点について、どこをどう省略し、あるいは言い換えたら40字以内の収められるか考えて、書いてみましょう。

〈要約のポイント〉

調査レポートのうち、とくに特徴的な結果について字数以内にまとめる。

記入欄

解答例

調味料ではオリーブオイルなど、エスニック料理ではベトナム料理の利用率が上昇した。

「40字要約」の効果❹――仕事上の問題解決力が高まる

仕事上の問題点は複雑に絡み合っています。だから、これを解くのは多元方程式のように難しいと思いがちですが、実はそうではありません。むしろ簡単です。それは複雑に考えないことがポイントなのです。

私は従来から「経営は算数と国語である」と言ってきましたが、この複雑に絡み合う問題を解く鍵こそ「40字要約」であると思っています。「算数と国語」で、どうやって問題解決するか、以下述べてみましょう。

①まず難しい表現をシンプルな表現に置き換えます。それも中学生でも理解できる表現にします。

この作業は問題の事実についてのみ「10字要約」で列挙します。細大漏らさず書くと、どんな問題でも必ず30～40は事実が出てきます。

②次にこの列挙した事実（10字要約したもの）に対して、粘り強く「なぜこうなったの?」「なぜ?」「なぜ?」と問い続けると、突き当たるところが出てきます。それが真実です。真実を掴まないと問題解決はできないのです。

この作業で必要なのが「3歳児の目」です。3歳児は自分の内部にある矛盾を決して放置しません。必ず母親に「あれ何?」「これは何?」とうるさいほど聞き、自分の心の中にある矛盾（わからないこと）を解決しているのです。この「3歳児の目」がこの作業段階では必要です。

③真実が5～6つに絞られたら次の作業に入ろう。

次は「この問題の本来あるべき姿は何か?」をつかむことです。この作業で大事な点は「素直な心」を持って作業すること。物事の本質を真正面から見ること。決してハスに構えたり、疑心暗鬼の心を持たないことです。

次に大事な点は「着眼大局、着手小局」いわゆる「大胆かつ繊細に」ということです。考える時には、全体をスッポリと覆えるように大きく考えること。そして実際に手を打つ時は、抜かりなく小さなことも考えて実行する。すると「本来あるべき姿の全貌」を捉えることが出来、失敗がなくなるのです。

④次に算数の手法を発揮しよう。

本来あるべき姿から現実の姿を差し引くのです。そこにギャップが生まれる。これが「本当の問題点」である。これを掴んでしまうと後は簡単です。

⑤さあ、問題解決しよう。

先に出した30～40の事実を埋めていきましょう。これが〝解決策の応急対策〟です。

次に真実を埋める作業これが〝抜本的な解決策〟です。これで複雑に絡み合った問題も基本は「文章要約」で簡単に解決できるわけです。

立場により複雑に絡み合う度数が変わってくることもありますが、基本は皆同じです。慌てず騒がず自信を持って落ち着いてこの手順で解決することです。

第2部　40字要約の実践

9章　人の話の核心を的確につかむ

01

話者の名声や声調にだまされない

有名人やその道の権威者の話でも、鵜呑みにしないで、批判的に聴く

◆人の話を聞く機会はいろいろある

文字情報や映像情報と並んで、利用する機会が多いのが音声情報です。音声情報の発信形式としては、講演、講義、スピーチ、発表や報告、シンポジウム、対談、討論会などがあります。

講演と講義の違いがわかりにくいと思います。講演は概して大人数の、それも不特定多数の聴衆に対して行われます。通常は1回で終わりますが、たまに連続講演として、何回かに分けて行われることもあります。

一方、講義は、比較的少数を対象として、何回かに分けて行われるのが一般的です。受講者は会社・大学などに所属するとか、受講の登録をした人など、特定のメンバーに限られます。

シンポジウムと討論会の違いもわかりにくいと思いますが、この二つは、形のうえではよく似ています。

シンポジウムは、数人の報告者がそれぞれ異なった角度から見解を述べ、そのあと参加者全員が

■談話の種類

講　演	不特定多数の聴衆に対して1人の話者が行う談話。連続講演として、同じテーマで複数回行われる場合もある。
講　義	登録者など特定のメンバーに対して1人の話者が行う談話。1回で終わる場合もあるが、複数回に分けて行われるのが一般的。
スピーチ	自分の主張を複数の聴衆に披瀝する談話。福沢諭吉が演説という訳語をつけたが、現在では「選挙演説」ぐらいにしか使われない。
発表・報告	研究や調査の結果、体験などを特定または不特定の聞き手に対して行う談話。プレゼンテーションと呼ばれることもある。
シンポジウム	設定されたテーマについて報告者が見解を述べ、それに基づいて複数の参加者が討議するもの。討論会の1形式。
対　談	特定のテーマについて2人の話者が意見を交わすもの。2人のほかに、進行係が加わることもある。
討論会	特定のテーマについて数人以上の参加者が司会者の進行に従って意見を闘わすもの。英語のディベートやディスカッションに相当。

加わって討論を行うのが一般的な形です。ときには、中心的な報告者が基調となる見解を述べ、これに複数の討論者が議論を加えたのち、全員の討議に移るという方法が採られることもあります。

一方、討論会は、基調となる見解の発表なしで、司会者が口火を切ると、すぐに討論を始める形が一般的です。

◆聞き直すことができないので、それなりの準備をする

形式はさまざまに異なっていても、談話には共通した特性があります。それは「一回性」ということです。

文字情報や映像情報は、元のデータが手元にあるかぎり、何回も読み直したり、見直したりできます。ですから、あとで曖昧な箇所を確認したり、理解できない点を考えてみたりすることができるのです。

ところが談話は、少なくとも生の談話は、聞き直すことができません。ですから、その場で記憶し、理解するしかありません。テープ等に録音すればいいのですが、前にも述べたように、禁止されてできない場合があります。

重要な談話は、録音してよいか事前に主催者に確認して、可能なら録音し、だめならメモを取りながら聴くようにしましょう。

同じ談話でも、テレビで放映されるものは、録画が可能です。重要な情報が含まれていると思われる番組があったら、事前にレコーダーをセットしておきましょう。

◆有名人であっても批判的に聴くことが大事

文章もそうですが、談話も、話し手によって、わかりやすさがずいぶん違います。

人前で話し慣れた人は、専門用語などむずかしい言葉はやさしい言葉に言い換えたり、抽象的な内容には実例をつけたりします。話し方も、重要な部分はゆっくり大きな声で話し、適当に間を空けるなど、メリハリをつけた話し方をするので、聞きやすくなります。

一方、話し慣れない人は、むずかしい言葉をそのまま使ったり、抽象的な話しに終始したりします。また、一本調子でぼそぼそ話し続けるので、聞き手はうんざりしてしまいます。

しかし、話し方は下手でも、内容自体には有用なことがあるので、居眠りしたりしないで、集中して聴くようにしましょう。

ただ、話し上手な人の談話にも、注意しなくてはならない点があります。それは、話のおもしろさにつられて、問題点を聞き逃してしまいがちになる、という点です。とりわけ、話者が有名人や権威者だったりすると、その意見や主張を鵜呑みにしがちです。有名人で話し上手な人の場合は、とくに集中して批判的に聴き、内容の適否を判断するように努めましょう。

02

要約練習⑫——経営セミナーの講演

次は幹部養成セミナーにおける講演の一部です。これを読んで、40字以内で要約しなさい。

ここにいらっしゃるみなさんは、それぞれの会社で指導的立場についておられることと思います。ここでちょっと、自分に問いかけてみてください、「私は、はたしてその立場にふさわしくヘッドシップを十分発揮しているだろうか」と。

ヘッドシップとは、ヘッド、すなわち指揮官としての立場や権限に基づいてとる活動を意味します。具体的にいうと、部下に命令・指示し、部下がそれに従った仕事をしない場合は、注意したり、叱ったり、必要なら仕事のしかたを教えたりして、命令・指示どおりの仕事をさせる働きをいいます。

ヘッドシップは、リーダーシップと似ているが、どう違うか疑問に思う人もいるでしょう。リーダーシップの基盤となるのがヘッドシップだと思ってください。ヘッドシップが確立できていなければ、リーダーシップを発揮することはできません。

中堅幹部は、部下に対しても上司に対しても、八方美人にならず、勇気をもって、正しいことは正しい、悪いことは悪いといいきり、毅然として行動できる精神力と態度を養うことがたいせつです。

企業におけるヘッドシップは、規律管理と実績統制管理の2つから成り立っています。まず規律管理から見てみましょう。

部下が遅刻してきたとします。そのまま放置してはいけません。必ずその理由を聞き、厳しく戒め、2度と遅刻しないように約束させてください。無断欠勤の場合も同じです。

その他、就業規則の遵守事項に違反した場合にも、厳しく注意することです。

また、勤務態度や就業状態で規律から外れた行為があった場合にも、そのときその場で適切な指導をすること。時間が経ったり、場所が変わってしまうと、緊張感が薄れて、注意や叱責の効果が弱まってしまいます。規律管理で重要なことは、「見て見ぬふり」をけっしてしないことです。問題をうやむやにしてはいけません。面倒だからと、もみ消すなどは論外です。

就業規則を巡る裁判が起こったとき、争点は「その問題が生きているかどうか」になります。実態として、慣行として、幹部がどう対応しているかが問題になります。けっして「見て見ぬふり」などしてはならず、そのときその場で完全に指導するようにしてください。

実績統制管理は、どの部署でも必要ですが、営業部門ではとくに重要な意味をもちます。日報をはさんで部下の報告を聴きながら、部下に勇気のない行動があった場合、あるいは努力に欠ける行為があった場合、「おまえは何を考えているんだ！」と叱りとばすことも、ときには必要です。

また、予算と実績との差異分析において、未達成の理由を鋭く追求するなどは、ヘッドシップの典型と言っていいでしょう。

管理部門や製造部門でも同じです。ルールを破ったり、目標を達成できなかったりしたときは、厳しく叱ることを忘れないようにしてください。

最後にヘッドシップを発揮するコツですが、これは、一にも二にも、腹をくくって勇気をもつ、ということに尽きます。だれにも負けない気迫をもち、鋭く一歩踏み出す勇気をもつこと。そして一喝しなさい。

ヘッドシップの発揮は、慣れるまでは、自分の弱い心との戦いです。勇気をもって行動しましょう。

【解説】

筆者はビジネスパーソンを対象としてよく講演を行いますが、企業の中堅幹部からリクエストの多いテーマの一つが「ヘッドシップ」です。話す内容は、そのときどきによって若干異なりますが、いつも取り上げるのは次の4点です。

① 企業の中堅幹部はヘッドシップを発揮しなければならない、これが発揮でないようではリーダーたり得ない。

② リーダーシップには戦略志向型、目標達成型、情報加工型など五つの種類がある。

③ リーダーシップを発揮するには、具体的にどうしたらよいか。

④ 会議でリーダーシップを発揮する方法。

右の問題文は、このうち①についてのものです。実際に話す内容はかなり長いので、ここではダイジェストしたものを掲載しています。

ポイントは、ヘッドシップの意義とその具体的な内容、それを実際に発揮する際のコツなどです。要約は、これらの点をコンパクトにまとめます。

〈要約のポイント〉

講演を聴くときは、聞き流しではなく、重要ポイントをメモしながら聴く。

解答例

ヘッドシップを発揮するには、規律管理と実績統制管理の両面で断固実行するのがコツ。

記入欄

03

要約練習⑬——スピーチ

次の談話を読んで、40字以内で要約しなさい。

われわれ日本人が日常使っている生活用具は、最近ますます日本的なものから離れてきているように思います。生活用具の世界でもグローバリズムが進んでいるといいますか、われわれのおじいさんやおばあさんたちが使っていたものを捨てて、インターナショナルな世界共通型の道具を使うようになっているようです。

たとえばダイニングルームで食事のとき使う椅子ですが、ショールームで選ぶとき、靴を履いたまま座ってみていませんか。屋内でも靴を履いたまま生活する欧米人なら、その選び方でもいいでしょうが、大部分の日本人は、室内では裸足か、スリッパを履いて暮らしていますよね。

そうすると、ショールームでちょうどいい高さだと思った椅子は、実際には高すぎるわけです。それに合わせて、テーブルも高すぎるはずです。おそらく、みなさんのお宅の食堂にある椅子やテーブルは、数センチ切りつめるとちょうどいい高さになるんじゃないでしょうか。

椅子の形も、家具店で売れる椅子の40パーセントぐらいは、肘掛け付きの椅子だそうですが、日本人の生活には、肘掛けなしのほうが合うんです。肘掛けがなければ、ちょっと横座りもできるし、座面が広ければ、あぐらもかけます。会社の休憩時間には、2〜3個横に並べてごろ寝もできます。肘掛けがあると、そういうことができません。

肘掛けなしのほうが、一つのものをいろいろな用途に使う日本人の暮らしに向いていると思うんですが、みなさん、どういうわけか肘掛け付きのほうがお好きなようです。

以前、ヨーロッパの家具の歴史を研究したことがあるんですが、肘掛け付きの椅子は、はじめ、足腰が弱って手の力も借りないと立ったり座ったりがむずかしいお年寄りのために開発されたそうなんです。

あとになって、普段から悪い政治をしている政治家などが暴漢に襲われたとき、肘掛け付きだと、さっと立って逃げるのにたいへん都合がいいんで、広く使われるようになったといいます。

ところで、日本は狭いようで意外に広くて、道具にも土地柄の違いがあります。たとえば菜切り包丁は、関東のものと関西のもの、九州のものとでは、形がたいそう違っています。これは、それぞれの土地で食べるものが違っているのが原因のようです。九州の人吉地方の包丁は、川魚料理がしやすいように、菜切り包丁の先端が出刃包丁のようにとがっているし、京都地方の包丁は、包丁のあごがゆずの皮を細工しやすい形になっています。京都では、吸い物のお椀にゆずの皮を飾りますからね。

それから、日本人は、箸やご飯茶碗、茶飲み茶碗などは、めいめいのものが決まっているのが普通ですよね。これはお父さんの箸、これはお母さんの茶碗というように、使う食器がきまっているのは、日本以外にはほとんどないそうです。

こんなふうに、われわれ日本人は、生活形態や風土に合った道具で暮らしてきた民族なのです。しかし、こうした生活用具は、現代の工業生産技術には合いません。工業技術は、同じ型のものを大量に作る技術ですから、数の少ないものや多品種のものは生産しにくいのです。

日本人が日本人らしく暮らすには、自分だけの用途や好みに合ったものと、安価な大量生産品とを使い分ける知恵が必要になると思います。

【解説】

問題文は、生活用具に関するシンポジウムで、ある工業デザイナーが語った談話です。短い話ですが、椅子や机の選び方や雑学的な知識があったりして、興味を惹かれます。こういった内容がおもしろい話や、語り口が軽快な話は、すっと頭に入りますが、反面、ポイントを聞き逃してしまうことも少なくありません。

むずかしい内容だったり、とつとつとした話し方で聞きにくかったりするほうが、集中して聴くので、かえってポイントがつかみやすかったりします。

この話のポイントは、次の3点です。

①家具はグローバルスタンダードのものを選ぶと、日本人の生活形態に合わず、使いにくくなることがある。

②日本国内でも、土地土地の暮らしぶりや風土によって、道具の形や使い方が異なっている。

③自分の用途や好みに合ったものと大量生産の規格品とを上手に使い分けよう。

まとめると、日本人の暮らしに合った道具を選ぶことがたいせつ、ということになります。

〈要約のポイント〉

内容や語り口のおもしろさに惑わされず、集中して聴くことを忘れずに。

記入欄

解答例

生活用具は、グローバリズムではなく、日本人の生活形態や風土に合ったものを選ぼう。

04

要約練習⑭——新技術紹介

次の談話を読んで、40字以内で要約しなさい。

陶磁器において、「多種多様な顔料」、「絵具」、「釉薬《ゆうやく》による絵柄」、「文様」、「色合い」といった加飾は、商品価値を高め、オリジナリティーを出す重要なポイントです。

近年、ライフスタイルの変化や自分志向といった価値観の変化から、陶磁器分野においても多様化・個性化しています。工業的な陶磁器の加飾技術として、「パット印刷」や「シルクスクリーン印刷」がありますが、これらの印刷方法は製版する必要があることから量産向けの技術です。

そこで、岐阜県セラッミクス技術研究所では、多品種少量生産向けの加飾技術を模索し、平成9年度より、インクジェット方式による陶磁器絵付技術の開発に着手しました。

インクジェット印刷は、パソコンやインターネットの拡大にともない、低コストで小ロットのカラー印刷方法として急激に普及しています。その特徴は、製版工程が不要でデジタルデータをコンピューター制御により迅速に印刷可能な点であり、バーコード印刷のように工業的にも利用される技術の一つとなりつつあります。

このインクジェット印刷技術を陶磁器の加飾に応用する研究の中で、技術の基本となる陶磁器製品の加飾に用いられる無機顔料インクについて、「pH」、「分散剤の添加量」、「無機顔料の沈降防止を目的とした増粘剤」について検討し、流動性が良く濃厚な上絵付及び下絵付用無機顔料インクを開発しました。

さらにこれを市販看板用インクジェット印刷システムに適用し、タイルへの絵付が可能となりました。

当研究所では、この成果を活用して、平成13年度、地域新生コンソーシアム研究開発事業として、「陶磁器加飾ロボットの開発」を実施いたしました。これには、地元企業、大学、県生産情報技術研究所など計10機関が参加しております。
この事業では、3次元インクジェット方式による陶磁器への直接絵付、タイル製造ラインでのインクジェット印刷の実用化について試作機の作製、評価を行いました。
今後は、現在検討課題となっている解像度・印刷速度の向上を目指して、インク、プリンターヘッド、印刷方法等をさらに検討し、インクジェット印刷による陶磁器への直接絵付を実利用化に繋げていきたいと考えています。
（岐阜県セラミックス技術研究所）

【解説】

問題文は、絵付けの新技術について、陶磁器技術者が説明している談話です。技術についての説明では、聞き手が専門家か一般の人かで、専門用語の使い方が異なります。素人対象の場合は、むずかしい用語はできるだけ避けようとしますが、専門家が対象の場合は、専門用語をそのまま使うのが普通です。また、素人対象の場合でも、言い換えがむずかしいために、やむを得ず専門用語を使うことがあります。

専門用語のなかには、耳で聞いただけでは意味が取れない場合があります。この談話では、カシヨク、ユウヤクなどがその例です。用語の意味がわからない場合は、メモをしておき、その場で、またはあとで話者に質問して確かめておくようにしましょう。

この談話のポイントは、多品種少量生産に対応するために、インクジェット印刷を応用して、陶磁器に直接絵付けをする技術を開発した、ということです。

〈要約のポイント〉

耳で聞いただけではわからない専門用語は、話者に質問して確認しよう。

記入欄

解答例

陶磁器の多品種少量生産のために、インクジェット方式を使った絵付け技術を開発した。

「40字要約」の効果❺――人生上の問題解決力が高まる

基本は「40字要約」の効果④と同じですが、自分の年齢（年代）により、絡み合ってくる人や環境が複雑になって来るため、前に述べたイメージ力を駆使する必要があります。

①「就職」について

ここで重要なのは「会社を選ぶ目」です。自分にとって本当に一生をささげることができる会社かどうか真剣に考えること。「会社案内」を入手して丹念に読みます。特に「社長の言葉」に注目しましょう。会社案内に書かれている文章を〝起承転結〟に分け、それぞれ40字要約を行い、最後にまとめて40字に要約します。この作業を通じて社長の本当の〝経営理念〟が見えてきます。本当の信念か？　まやかしの理念か？　信念を持った社長のいる会社は、どんなに小さくても働き甲斐のある会社です。規模の大小ではなく、経営理念のあるなしで会社を選びましょう。

②「結婚」について

「人は一緒になった人で大きく変わる」と言われます。幸せにもなれるし不幸にもなります。「恋は盲目」と言いますが、将来のため、5％だけ冷静な気持ちを残しておきましょう。そして、「デート日記」を40字で書き残しましょう。相手の人は本当に自分のことを理解していますか？　お互い相手を思いやって生活できそうな相手ですか？　幸せは「自分のことを一番理解してくれ本当に思いやってくれる人と結ばれること」です。40字要約の「デート日記」を書くことでそれが見えてきます。

③「昇進、昇格、昇給」について

たとえ同期や後輩に先を越されたからといって嘆かないでください。今こそ自分の会社における「存在理由」を40字に要約し、最低でも三つ作ってみてください。作れますか？　作れない人は先を越されて当たり前です。あなたには存在価値がないのです。存在理由を常に考え、それを全うする努力をしてください。嘆く前に努力をしましょう。必ず追いつき追い越せます。三つ作れたのに先を越されたという人は、それを全うする努力をしてましたか？　してないですね！　今日から自分の良い所をもっと強調して、どんなことでもよいですから「ここだけは誰にも負けない！」という「ダントツの一等賞」をとる努力をしましょう。もちろん、自分の弱点を補強するのは当たり前です。

④「降格、リストラ」について

辛いですね！　でも負けないでください。嘆いても何も解決しません。今こそ今までの人生を総括してください。年代ごとに40字要約で総括しましょう。最後にまとめて「私の人生は！」と題して40字に要約しましょう。何が足らないですか？　それはあなたの気持ちの置き場所ですよ。今まで「今が当たり前」として今に不満を持ち今を嘆いて来ませんでしたか？　それが間違いです。「今は幸せ」なんです。この今の幸せを逃さないために命がけで闘って来るべきだったのです。でも今からでも遅くありません。「これからの人生をどう生き抜くか！」を40字に要約して念仏のように唱え、まず自分の意識を変えてください。どんな仕事でも、プライドをかなぐり捨てて、「今が幸せ」の気持ちを持って念仏（先の40字要約）を唱えて、どんな苦しみにも耐え抜き、そして最善を尽くして、仕事に命を懸けてください。絶対に認められ、かつての良き時代の生活を取り返すことが出来ます。頑張ってください。

10章 社内の「報連相」は上司のシシトウ次第

01

シシトウ次第でホウレンソウは変わる

部下は適切に報・連・相を行い、上司は部下に合わせて指・指・統を行う

◆「報・連・相」なしに仕事ははかどらない

ホウレンソウは、ビタミンや鉄分が多く、体によいとされていますが、ビジネスの世界でも、昔から非常に大切なものといわれています。ビジネスの世界でのホウレンソウとは「報・連・相」のことで、これは報告・連絡・相談の頭文字を採ったものです。

仕事の遂行中は進行状況を、仕事が終わったらその結果を、ただちに上司に報告しなければなりません。会社の仕事は、すべて有機的に絡み合っています。ですから、だれかが報告を怠ったり、不適切な報告をしたりすると、仕事全体に悪い影響を与えることになります。プロジェクトチームの一員として活動している場合は、プロジェクトの成功を危うくしかねないことさえあります。

連絡も同じです。今どこにいる、到着が10分ほど遅れそうだ、だれだれにこれを伝えてくれといった、大したことではないと思えることでも、上司や同僚に必ず伝えることが必要です。

遂行中の仕事に何か問題が発生したときや予測外の事態が生じたとき、判断がつかないときには、

■上司と部下との望ましい関係

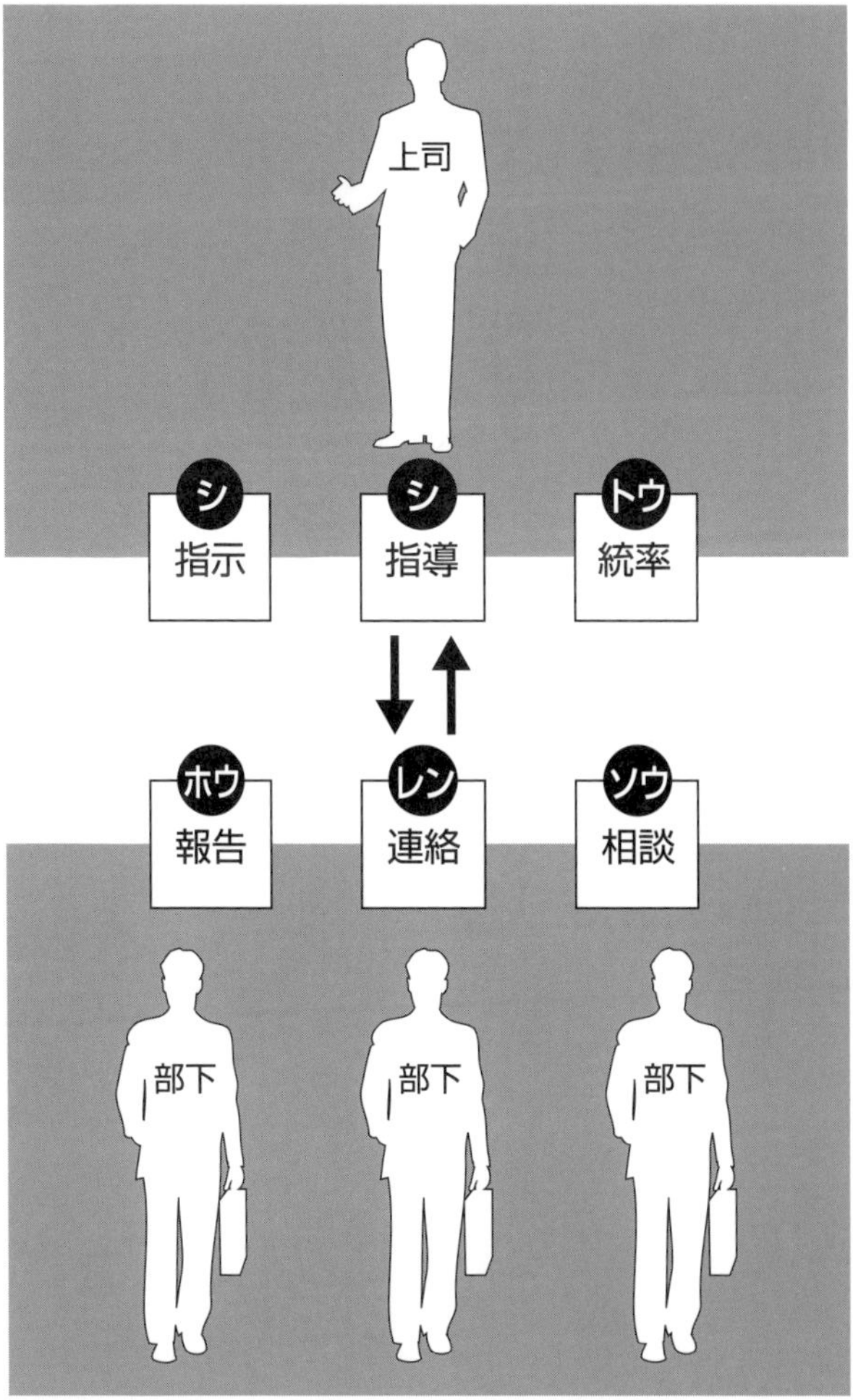

上司が指示・指導・統率を、部下が報告・連絡・相談を適時・適切に行うことによって、両者の好ましい関係が建設される。

上司や先輩に相談しましょう。上司や先輩は、さまざまなケースを経験しているので、どうすべきか指示したり、助言したりしてくれるはずです。

個人的な問題や悩みであっても、それが仕事に影響すると思われたら、上司や先輩に相談することが必要です。

◆部下のホウレンソウは上司のシシトウ次第⁉

ホウレンソウが大切ということはわかっても、なかなかうまくできない社員がいます。これは経験不足もありますが、上司のシシトウの不適切さが原因になっていることもあります。

私は、企業の中堅幹部へのセミナーで、「ホウレンソウがうまくなるかはどうかはシシトウ次第だ」とよくいいます。この言葉を初めて耳にした人はきょとんとしていますが、シシトウとは指示・指導・統率の頭文字だというと、みんな納得してくれます。

最近の厳しいビジネス環境では少なくなってきましたが、以前は、指示・指導・統率がうまくできない中堅幹部がけっこういました。年功序列の流れに乗って管理職になっただけで、リーダーとしての資質を自分で磨いてこなかった人たちです。

指示は、業務の内容に応じて適切な方向を示すこと、指導は、部下たちが業務能力を発揮できるように教え導くこと、統率は、部下に規律を守らせ、チームとしての目標が達成できるようにリーダーシップを発揮することです。

◆シシトウを成功させるコツ

指示・指導・統率は、部下全員に対して一律に行うのでなく、それぞれの資質や性格、経験に合わせてきめ細かく行うのが成功するコツです。もちろん、業務の開始に当たっては、部下全員に全体的な命令を下すことは必要です。個々の部下に合わせて指示・指導・統率を行うのは、部下から報告・連絡・相談を受けた際のことです。

部下の性格や能力・経験が一様なら、上司はラクです。だれに対しても、同じような言い方で指示・命令を出せばいいからです。しかし、実際には、部下はさまざまに異なっています。同じ指示や命令を聞いても、上司の意図を正しく理解して、必要なことをきちんと遂行する部下がいる一方で、言われたことしかやらない者や、言われたことも満足にできない者もいます。ですから、上司は、部下によって、指示・命令の出し方を変えることが必要になるのです。

その場合、指示や命令さえ実行されればよい、とする態度は、管理職としてとるべき姿勢ではありません。一人ひとりの部下が、欠点を是正し、長所をより伸ばしていけるような話し方をすべきです。言い換えれば、指示・指導・統率は、業務目標達成の手続きであると同時に、部下たちに対する教育でもあるのです。

02

要約練習⑮——業務報告書

次の業務報告書を読み、最も重要と思われる部分を40字以内で要約しなさい。

月間業務報告書

報告日　〇〇年9月7日

営業本部長殿

〇〇支店店長　太田××

①実績

1　報告月間　〇〇年8月期

2　売上高（前月比）

食料品7952万3421円（108％）、衣料品1987万2348円（102％）、電気製品2451万3221円（115％）、生活雑貨1843万0023円（97％）、合計1億4233万9013円（105・5％）

3　概観と分析

例年売り上げが低下する8月期であるが、本年は生活雑貨を除いてかなりの売り上げ増となった。ことに電気製品は前月より15％増という大幅な増加となった。電気製品の売り上げ増の中心は、クーラー、扇風機、液晶テレビである。クーラー、扇風機の売り上げ増の原因は、第一に今夏の酷暑であったが、第二には多様なデザインの商品を揃えたことであったと思われる。

全般的には、本年2月期の店内改装、5月期から始めた店員による「一声運動」が成果を上げ始めているといえる。

②今月の営業施策

1 健康増進の秋に向かい、生鮮食品の大量販売を実施するが、秋口には食中毒事件がかなり見られるので、衛生管理にはとくに力を入れる必要がある。朝のミーティングでは、毎回、手洗い励行を強調することとする。

2 金曜日・土曜日のタイムサービスを2回ほど多くする。

3 近くで建設中だった大規模マンションが完成し、入居が始まるのに鑑み、チラシの配布を行うとともに、営業時間の延長などの特色を打ち出す。

③10～11月期の営業施策案

1 景気回復の見通しがあり、消費者の購買力も徐々に回復する見込みなので、高額商品についても消費意欲の向上が予想できる。電気製品のうちでは、液晶テレビや新型の洗濯機への関心が高まっているので、本部と相談して、これらの仕入れを増やすことが必要だと思われる。それ以外の電気製品については、今後は、価格面よりデザイン面を重視して商品選択するようにすべきだと考える。

また、商品先渡し、ボーナス払いを積極的に展開し、チラシやPOP広告等で宣伝に努めたい。

2 長期天気予報によれば、本年は冬の到来が早まりそうとのことなので、冬物衣料の特売時期を例年より10日ほど早めに展開したい。新たに数社の専門店と契約して、デザイン面を重視した品揃えを行い、「デパートや専門店と同じファッション製品がより安く手に入る」をキャッチフレーズとして展開したい。

【解説】

問題文は、ある中堅スーパーの支店が本社の営業本部へ提出した業務報告書です。元の文書は横書きですが、他の問題文に合わせて縦書きで表示しました。

この例だけでなく、企業文書の大部分は、ポイントを箇条書きで表現し、ものによっては図表を添付しているのが普通です。長い文章で書いてあるものは、例外的にしかありません。したがって、この業務報告書の内容を40字以内で要約せよ、といわれても、そうするのは困難です。

そこで、この報告書のうち、最も重要と思われる部分を要約せよ、という形にしました。この報告書は、①実績、②今月の営業施策、③10～11月期の営業施策案、の三つのパートから成り立っています。このうちどれを選ぶかによって、ビジネスパーソンとしてのセンスが問われるわけです。

まず、「重要と思われる」がだれにとって重要か、を考える必要があります。この報告書は営業本部へ提出したものですから、「営業本部にとって重要な部分」ということになります。①は過去のデータ、②は支店だけで対応できる事柄であるのに対し、③は営業本部の施策に関わる内容になっています。したがって、③について要約するのが正解です。

〈要約のポイント〉

企業文書の多くは箇条書きになっているので、どの部分が重要かを見抜く。

記入欄

解答例

次期は、デザイン重視の品揃えと冬物衣料の特売で、回復しつつある購買力に対応する。

03

要約練習⑯——後輩からの相談

次は、ある人が会社の後輩から受けた相談である。これを読んで、40字以内で要約せよ。

少々先輩にアドバイスしていただきたいことがあるので、このメールを書きました。ほんとうは、一杯やりながらご相談したかったのですが、先輩は私以上にお忙しいので、スケジュールを合わせるのがむずかしいと思い、メールにしました。

先輩もご存じのように、私は昨年末に営業セクションから現在のネットコマース部門に配属されました。当社Webサイトのある部分を担当しており、内容の更新やホームページを見て問い合わせてくる顧客への対応などで、営業マン時代を上回る過密スケジュールで働いています。

顧客への回答は、即時性が必要なだけに、問い合わせがあれば、たとえ帰宅直前であっても、その処理をしてから帰るようにしています。また、どうしてもそのときに処理できない事柄については、翌朝早出をして処理することも再々です。これらは、まあ当然のことですが。

顧客からの問い合わせでは、営業部門にいたので、ほとんどの問題には答えられますが、ときには、それぞれの専門セクションに確認しなくてはわからないこともあります。ほとんどの担当者はすぐ答えてくれますが、なかには何度も催促しなければ返事をくれない人もいます。

とくに問題なのは、DセクションのMさんです。私の前任者もずいぶん手を焼いたようですが、何度も何度も催促し、最後にはけんか腰で要求すると、やっと返事をよこすという始末です。

この人は、ネットコマースの即時性ということをほとんど理解していないようです。というより、インターネットのようなものに敵意を抱いている感じさえあります。

こういう状態なのですが、さらに昨日やっかいな状況が生まれました。課長に呼ばれ、会議室に行ってみると、そこに部長もいました。どうも二人で相談していたようです。二人の話はこうでした。

同僚のKくんが急に退職することになったのだが、後任者のめどが立たないので、しばらく彼の分を面倒見てくれないか、というのです。彼の担当を全部引き受けろというのではなく、ホームページの更新などはほかの者にやらせるので、顧客への対応業務だけやればよいという話でした。

今の担当業務だけでも手一杯なのに無理だと思いましたが、業務命令だというので、「わかりました。なんとかやってみます」と答えて退出しました。

仕事の増加がずっと続くわけでなく、一時的な状況だという希望的観測のもとに引き受けたのですが、自分のブースに帰って考えてみると、新しい人員がいつ補充されるかわかりません。過重な業務がずうっと続く可能性があるのです。

とりあえずDセクションのMさんに関する状況をなんとかしておかないと、明日からでも困ったことになりかねません。

これまでのいきさつから見て、Mさんへの直接の働きかけは効果が出そうにありません。そこで、Dセクションのチーフに改善を要求しようと思うのですが、それによってかえってやっかいなことにならないかと心配しています。

先輩は、これに似たケースを経験していらっしゃらないでしょうか。早急に何とかしたいのですが、私はどうすべきかヒントをいただけないでしょうか。

【解説】

職場での人間関係を良好に保ち、メンバーが高いモラールで仕事に邁進できる環境を整えることは、上司の重要な責務の一つです。このためには、部下が仕事や私生活で何か問題を抱えていないか、常に把握しておくことが必要です。

といっても、部下全員について仕事や私生活の実状を把握するのは、実際にはなかなかできません。自分だけで問題を解決しようとしたり、悩みを隠したりする者もいるからです。

そこで、困った状況が生じた場合、部下のほうから相談にくるような雰囲気を作っておきましょう。上司のふだんの言動で、この人は誠実で信頼できる人だというイメージを与えておけば、部下が相談に来やすくなります。

問題文は、上司ではなく、先輩への相談ですが、対応のしかたは同じです。相談者は、別のセクションにいる先輩の方が問題を客観的に見られると思ったのでしょう。

メールということもあって、状況説明が回りくどい感じがします。要約に必要な箇所は、非協力的な社員がいるということと、自分の担当業務が急に増えることになった、の2カ所です。

〈要約のポイント〉

状況説明ではなく、相談事の核心は何かを探っていく。

記入欄

解答例

担当業務の増加に備えて、社員Mの非協力ぶりを正しておきたいが、どうしたらよいか。

要約練習⑰——調査報告書

次は、ある調査報告書の冒頭部分である。これを読んで、40字以内で要約しなさい。

ＳＣＭを導入するに際し、この技術について詳しくないメンバーも多いので、技術の特徴および業界での実施状況について調査せよとの本部長のご下命により、この報告書を作成いたしました。

ＳＣＭとは「サプライチェーン・マネジメント」の省略形で、簡単に言うと、発注、原材料調達、在庫管理、配送という川上から川下までを、ＩＴすなわち情報技術を駆使し、統合管理する経営手法です。

歴史的に見ると、この始まりはアメリカの繊維業界が採用したＱＲだといわれています。輸入衣料品に押されたアメリカの繊維業界は、１９８４年、生存策としてＱＲ、すなわち「クイックレスポンス・プログラム」という業界運動を打ち出しました。これは繊維製品の原材料段階から縫製段階を経て小売り段階に至るまで、取引関係でつながった各企業がパートナーとして信頼・協力関係を築き上げ、十分な情報交換を行って、売れる商品を過不足なく、素早く生産し、供給していこうとするものです。

ＱＲは大きな成功を収め、アメリカの繊維業界は再び息を吹き返しました。この成功を見て、わが国の繊維業界もＱＲを導入しましたが、思ったほどの成果は得られませんでした。その原因は、ＱＲをクイックデリバリーと勘違いし、パートナーシップの確立も、十分な情報の伝達もないまま、小ロット・短納期のみを仕入れ先に押しつける企業があったためです。

また、受発注情報や売れ行き情報等を素早く多くの取引先と交換するＥＤＩ（電子的データ交換）の標準化や商品コードの標準化が遅れたことも、ＱＲの普及にブレーキをかけました。

これとは対照的に、欧米では、QRの成功を見て、その考え方や技術が他の産業にも伝播していきました。そのなかでQRは技術的に長足の進歩を遂げ、SCMという技術として結実したのです。今日では、①インターネットを利用した情報交換技術（XML-EDIなど）、②売行予測技術、③需要予測と在庫補充のためのコラボレーションなどのほか、④EDI標準についても、利用しやすく効率的なものが開発されてきています。

【解説】

SCM、すなわちサプライチェーン・マネジメントの技術的特徴と業界における普及状況を説明する前提として、このビジネス手法がどのようにして始まり、普及してきたかを簡単に述べている文章です。ポイントは次の3点です。

①輸入衣料品への対抗策として、アメリカの繊維業界がQR（クイックレスポンス・プログラム）という業界運動を打ち出した。

②わが国では、QRの意義に対する誤解や基礎となるEDI技術の標準化等が遅れたため、あまり普及しなかった。

③一方、欧米では他の産業にも広く普及し、SCMという技術として結実した。

このレポートは、わが国におけるSCMの普及状況を見るためのものなので、②と③の内容を中心に要約することになります。

〈要約のポイント〉

報告書の目的からして、どの部分が重要かを判断して要約する。

記入欄

解答例

QRはわが国では普及が遅れたのに対し、欧米では大きく進歩しSCMとして結実した。

40字要約の研修での生かし方と参加者の反応

私の研修では「幹部養成塾実践コース」の2日目「表現技術」というカリキュラムで「40字要約」そのものを教えています。

その進め方は課題を４種類与えます。取り上げるのは日経新聞のコラム「春秋」からで、約510〜520字の内容です。それを全員で要約します。1チーム４名の中の一人が順番でチーム代表として前に出て、自分が要約したものを40字枡の模造紙に書き込みます。それを参加者全員で評価します。

たとえば４チームあると、それぞれの代表者が４名います。その一人ひとりの作品に対して参加者が一番良いと思う人に挙手し、1番挙手の多かった人を優秀賞とします。そして４種類の課題の中で一番多く得票した人を最優秀賞とします。

この４種類の課題を練習するだけで、やり方は全員の人が理解してくれます。後は研修終了後どれだけ練習するかに掛かっています。

40字要約を試みた参加者の反応はまちまちですが、大きく分けて以下の四つのパターンに分かれます。

①練習の最初から要領を掴める人

このタイプの人は以前から本を読んだりして、ジャンルを問わず活字に慣れている人です。

こうした人は恐れず飛び込んで来るので早くコツを掴みます。日頃から言葉に敏感で、人が書いたものを言い換えたり、たまには自分が書いたことがあるので、早く要領を掴めるのです。

このタイプの人は帰られて実際に練習されると素晴らしい成果を出されます。

②練習を重ねて4回目ぐらいに要領を掴める人

このタイプの人は努力型です。

研修だけでなく、何事にも一生懸命に取り組むタイプの人。研修でいえば他人の作品もよく読んで研究し、試行錯誤しながら核心に迫っていくタイプです。この手の人には「仕事ができる」と職場でも評価されている人が多いように思われます。

③練習しても最後まで要領をつかめない人

この手のタイプにも2通りのパターンがあります。

一つはあまり真剣に考えないで「40字要約って本当に役に立つの?」と疑って掛かる人。このタイプの人は総じて何事にも、こういう姿勢で臨む傾向があり、職場では「仕事に問題あり」と烙印を押されている方が多いようです。こういうタイプの方にぜひこの本を読んでいただきたいと思います。

もう一つのタイプは、活字に全然触れていない人。新聞も読まない人。この手の方は研修中にショックに陥られます。パニック状態となり自信喪失されます。しかし、その後の研修には体当たりで取り組まれ帰ってからも真剣に、教えられたとおり新聞のコラムを毎日切り抜いてノートに貼り、毎日40字要約の訓練をされ、その結果、見違えるように変身される方が多いものです。

④要領は早くつかめるが間違える人

このタイプの人は夢多き人です。

俗に〝頭が良い〟と言われている人が陥るパターンです。イマジネーションが豊かで、どんどん夢が膨らんでいくタイプです。要約しているうちに、自分の中でイメージが膨らみ、書かれていることや作者の言いたいことからドンドン離れて行き、自分の世界を作ってしまうタイプです。

書かれた要約は綺麗にできて、まとまってはいるのですが、参加者の評価は得られず1票も集まらない。この手の人は注意しないと商談事もまとまらない人が多いものです。「A」という商品についての話をしているのに、いつの間にか「B」という商品の話になり、さらに「C」に話が飛ぶ。というような感じで、聞いている方は、話がこんがらがってしまい、結局、商談が物別れに終わるケースがある人です。

このタイプの人も40字要約の手法をしっかりマスターしてもらうと、必ず仕事環境が変わり思いがけない良い成果が生まれるようになります。

エピローグ

日々研鑽を重ねよう

いかがだったでしょうか。40字要約の実践によって、新人社員から中堅幹部まで、ビジネスに必要なさまざまな力が身につき、向上することがおわかりいただけたと思います。

第2部の実践練習によって、これがけっこうむずかしい技術であると同時に、おもしろい勉強であることがご理解いただけたのではないでしょうか。

実践練習がついていているとはいえ、本書で述べているのは、あくまでも理論にすぎません。この理論が血となり肉となるためには、日常の業務のなかで実践すること、およびビジネスパーソンとしての資質を高める努力を続けることが大切です。

まず、視野を広げましょう。日常業務の忙しさのなかで、なかなか余裕がないでしょうが、少しでも時間ができたら、本を読み、映画を見、友人と語らいましょう。

その場合、多くのビジネスパーソンがおかしがちなのが、すべてを仕事に結びつけようとすることです。もちろん、仕事に関連した本を読み、仕事仲間と語らうことは大切です。

しかし、視野を広げるという見地からは、仕事に直接関係のない本、たとえば名作小説や評価の高いエッセイ、歴史書などを読むことが必要です。話し相手も、ときには他社の人、あるいは他の業界の人、自分と違う職業の人を選ぶようにしましょう。

仕事に関係のない本を読み、映画を見、分野の違う人たちと話しているうちに、次第に違う視点からものを見られるようになっていることに気づくでしょう。それは結果として、ビジネス生活にも生きてくるはずです。

第二にキャリアプランを立てましょう。キャリアプランとは、ビジネスパーソンとして、自分は何を目的とし、それを達成するためには今後どうしていくかという計画のことです。計画を立てれば、いつ何をすべきかがわかり、努力しやすくなります。

目的はできるだけ高く設定しましょう。高いほうが能力や資質を伸ばしやすいからです。実現の可能性がまったくない夢は無意味ですが、自社の経営幹部になる、ＩＴベンチャーを起業するといった程度の目標はいかがでしょうか。

目標を設定したら、自分が現在どの程度の能力や技術をもっているか考えます。この現状と目標との差が能力開発の目標となります。あとは、目標達成に向けて邁進するだけです。

そして人生の成功を手中に収めてください。

■原田　虔一郎（はらだ　けんいちろう）
1947年岡山県生まれ。70年広島商科大学（現修道大学）経営学部卒業。同年、広島硝子工業㈱に入社し、人事・営業の第一線で活躍する。日本マネジメント協会の経営コンサルタント、取締役理事を経て、88年に㈱経営労務問題研究所を設立、代表取締役に就任。現在は“儲かる企業体質への変革”“燃える集団作り”をテーマに1100社を超える企業を指導している。つねに経営の現場、働く社員の心理を研究し、自ら開発した独自手法で、経営や人事・営業の問題解決を図っている。主な著書に『嘆くな上司！腹をくくれば部下は動く』（日本実業出版社）、『経営危機回避の方法』『戦略経営導入12ケ月プログラム』（以上、いずれもPHP 研究所）など多数ある。

40字要約で仕事はどんどんうまくいく

2004年８月20日　初版発行
2023年９月30日　第４刷発行

■著　者　原田　虔一郎
■発行者　川口 渉
■発行所　株式会社アーク出版
〒102-0072　東京都千代田区飯田橋2-3-1　東京フジビル3F
TEL.03-5357-1511　FAX.03-5212-3900
ホームページ http://www.ark-pub.com
■印刷・製本所　新灯印刷株式会社

ISBN978-4-86059-027-7

アーク出版の本　好評発売中

仕事がはかどりすぎて困る!
どうにも素敵な文具術

ビジネスマンの実力は、カバンの中身と机の上でわかる。“仕事術のカリスマ”と異名をとる著者が、仕事の成果を上げるのに役立つ愛用のビジネスツール＝文具50アイテムとその使いこなし術を大公開。併せて発想力を高めるノート術、メモ術も紹介する。

中島孝志著／四六判並製　定価1,365円（税込）

スーパー上司力!

どうすれば職場に活気が戻り、部下のモチベーションは高まるのか――部下を想い、部下を熱くさせた「スーパー上司」たちの選りすぐりの40の工夫をピックアップ。費用も時間もかけず、しかも身近な題材でできる「職場修復」の決定版! 大企業でも続々採用中。

酒井英之著／四六判並製　定価1,470円（税込）

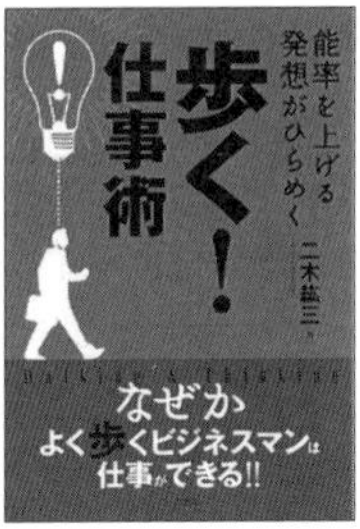

「歩く!」仕事術

ウォーキングは脳内ホルモンの分泌を促し、脳を活性化させる。だから気分転換やストレス解消のためでなく、もっと生産的なことに活用しよう。歩きながら企画を考え、英語をマスターし、部下を育てる、会議だってできる…。画期的な“生産的ウォーキング”のすすめ。

二木紘三著／四六判並製　定価1,365円（税込）

定価変更の場合はご了承ください。